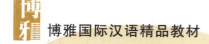

阿拉伯文注释本
المشروح باللغة العربية

第四版
الطبعة الرابعة

汉语会话 301 句 上册
المحادثة باللغة الصينية 301 جملة

الجزء الأول

康玉华　来思平　编著
تأليف: كانغ يوهوا، لاي سيبينغ

张洁颖　译
ترجمة: تشانغ جيبينغ

图书在版编目（CIP）数据

汉语会话301句：阿拉伯文注释本. 上册 / 康玉华，来思平编著. —— 4版. —— 北京：北京大学出版社，2024.10. —— (博雅国际汉语精品教材). —— ISBN 978-7-301-35647-0

Ⅰ. H195.4

中国国家版本馆CIP数据核字第2024LJ3632号

书　　名	汉语会话301句（阿拉伯文注释本）（第四版）· 上册 HANYU HUIHUA 301 JU (ALABOWEN ZHUSHIBEN) (DI-SI BAN) · SHANGCE
著作责任者	康玉华　来思平　编著
责任编辑	唐娟华
标准书号	ISBN 978-7-301-35647-0
出版发行	北京大学出版社
地　　址	北京市海淀区成府路205号　100871
网　　址	http://www.pup.cn　新浪微博：@北京大学出版社
电子邮箱	zpup@pup.cn
电　　话	邮购部 010-62752015　发行部 010-62750672　编辑部 010-62767349
印　刷　者	北京宏伟双华印刷有限公司
经　销　者	新华书店
	787毫米 × 1092毫米　16开本　23.75印张　346千字 2011年1月第3版 2024年10月第4版　2024年10月第1次印刷
定　　价	79.00元（含课本、练习册、音频）

未经许可，不得以任何方式复制或抄袭本书之部分或全部内容。
版权所有，侵权必究
举报电话：010-62752024　电子邮箱：fd@pup.cn
图书如有印装质量问题，请与出版部联系，电话：010-62756370

第四版出版说明

　　《汉语会话301句》是当今全球非常畅销的对外汉语经典教材。本教材由北京语言大学康玉华、来思平两位教师编写，北京语言学院出版社1990年出版，1998年修订再版，2005年出版第三版，译有近十种外语注释的版本，发行逾百万册。本书为阿拉伯文注释本第四版，由编者和北京大学出版社汉语及语言学编辑部精心修订。

　　第四版修订主要包括三方面的内容。第一，在不改动原有语言点顺序的前提下，改编内容过时的课文，更换为能反映当下社会生活的内容，如增加"微信""快递"等词语；第二，教学内容的编排精益求精，生词的设置和翻译更加精细，语言点注释更加完善；第三，配套练习册随课本进行了修订，并增加了交际性练习。经过这次修订，《汉语会话301句》这套经典教材又焕发出了新的活力。

　　好教材是反复修订出来的。在当今汉语教材空前繁荣的局面下，经典教材的修订反而愈加凸显其标杆意义。自1990年初版以来，《汉语会话301句》通过不断的自我更新，见证了汉语教学事业从兴旺走向辉煌的历程，并且成为潮头的夺目浪花。此次修订融进了新的教学研究理念和教材编写思想。我们相信，我们为汉语教师提供的是好教的教材，也是外国学生好用的教材。

北京大学出版社

汉语及语言学编辑部

2024年8月

مقدمة الطبعة الرابعة

المحادثة باللغة الصينية 301 جملة يعد الكتاب الأكثر مبيعاً لتدريس اللغة الصينية لغير الناطقين بها. ألّف هذا الكتاب أستاذ كانغ يوهوا وأستاذ لاي سيبينغ من جامعة بكين للغات والثقافة. وتم طبع الكتاب بدار نشر معهد بكين للغة عام ١٩٩٠. في عام ١٩٩٨، تم مراجعة وإعادة طبع الكتاب، ثم أعيد طبعه المرة الثالثة عام ٢٠٠٥. تُرجم الكتاب إلى ما يقرب من عشر لغات أجنبية مع الشرح، ونُشر تقريبا مليون نسخة. هذه النسخة هي الطبعة الرابعة المشروحة باللغة العربية حيث قام بمراجعتها المؤلفون وقسم التحرير في تخصص اللغة الصينية واللغويات بدار نشر جامعة بكين.

تمت مراجعة الطبعة الرابعة في ثلاثة جوانب: أولاً، تعديل النص واستبدال المحتوى الذي يمكن أن يعكس الحياة الاجتماعية الحالية بدون تغيير ترتيب نقاط المعرفة اللغوية الأصيلة، مثل إضافة كلمات مثل "تطبيق الويتشات" و"خدمة البريد السريع". ثانيا، التميز في ترتيب محتوى التدريس، وإعداد الكلمات الجديدة وترجمتها بدقة أكثر، وإتمام التعليق التوضيحي للنقاط كاملة. ثالثا، مراجعة كراسة التمارين الداعمة للنص، وإضافة تمارين التواصل.

لن يحقق كتاب الدروس نجاحا إلا بعد مراجعة مرارا وتكرارا. في ظل الازدهار غير المسبوق الذي يشهده كتب تدريس اللغة الصينية، إن إعادة مراجعة كتاب تدريس كلاسيكي تحظى بأهمية خاصة. منذ طبعته الأولى عام ١٩٩٠، شهد المحادثة باللغة الصينية 301 جملة من خلال التجديد المستمر مسيرة تدريس اللغة الصينية من الازدهار إلى المجد ليكون موجة قوية تبهر الأنظار. تتضمن هذه المراجعة مفاهيم جديدة من دراسات تعليمية وأفكار جديدة لتأليف كتاب تدريس. نثق بأننا قد قدمنا لأساتذة اللغة الصينية كتابا ممتازا للتدريس كما قدمنا للدارسين الأجانب كتابا ممتازا للدراسة.

قسم التحرير في تخصص اللغة الصينية واللغويات
دار نشر جامعة بكين
أغسطس ٢٠٢٤

前言

　　《汉语会话301句》是为初学汉语的外国人编写的速成教材。

　　全书共40课，另有复习课8课。40课内容包括"问候""相识"等交际功能项目近30个、生词800个左右以及汉语基本语法。每课分句子、会话、替换与扩展、生词、语法、练习等六部分。

　　本书注重培养初学者运用汉语进行交际的能力，采用交际功能与语法结构相结合的方法编写。全书将现代汉语中最常用、最基本的部分通过生活中常见的语境展现出来，使学习者能较快地掌握基本会话301句，并在此基础上通过替换与扩展练习，达到能与中国人进行简单交际的目的，为进一步学习打下良好的基础。

　　考虑到成年人学习的特点，对基础阶段的语法部分，本书用通俗易懂的语言，加上浅显明了的例句作简明扼要的解释，使学习者能用语法规律来指导自己的语言实践，从而起到举一反三的作用。

　　本书练习项目多样，练习量也较大。复习课注意进一步训练学生会话与成段表达，对所学的语法进行归纳总结。各课的练习和复习课可根据实际情况全部或部分使用。

编者
1989年3月

مقدمة

المحادثة باللغة الصينية 301 جملة كتاب دروس اللغة الصينية لغير الناطقين بها.

يشمل هذا الكتاب 40 درسا بالإضافة إلى 8 مراجعات. تتكون الدروس الأربعين مما يقرب من 30 وحدة تواصلية مثل التحية والتعارف، وما يقارب 800 كلمة جديدة وأساسيات قواعد اللغة الصينية. ينقسم كل درس إلى ستة أجزاء بما فيها الجمل، الحوار، التبديل والتوسيع، الكلمات الجديدة، القواعد، والتمرينات.

يهتم الكتاب بترقية مستوى الدارسين المبتدئين في التواصل باللغة الصينية. إنه يدمج الوظائف التواصلية وهيكل القواعد لتقديم الجزء الأكثر استخداما وأساسيا من اللغة الصينية الحديثة في سياق الحياة اليومية حتى يتمكن الدارسون من إتقان 301 جملة كثيرة الاستخدام في المحادثات الأساسية، وعلى أساس ذلك يتمكنون عن طريق دراسة قسم التبديل والتوسيع من المحادثة البسيطة مع الصينيين. كما أن الكتاب أرسى أساسا متينا للمرحلة القادمة لتعلم اللغة.

لقد أخذنا بعين الاعتبار خصوصية تعلم اللغة بالنسبة للبالغين، لذلك استخدمنا لغة واضحة مفهومة في جزء القواعد كما أضفنا أمثلة بسيطة لشرح القواعد لكي يقدر الدارسون على ممارسة اللغة بقيادة القواعد وتعلم معرفة جديدة بمراجعة الأمثلة الموجودة.

إن التمرينات في هذا الكتاب متنوعة وكثيرة. يولي جزء المراجعة اهتماما بتطوير مهارات الدارسين في المحادثة والتعبير والسرد وتلخيص القواعد المدروسة بشكل نظامي. يمكن للدارسين دراسة جزء التمرينات والمراجعات بكاملها أو جزء منها حسب احتياجاتهم.

المؤلف

مارس 1989م

简称表　اختصار

1	名	名词	míngcí	اسم
2	代	代词	dàicí	ضمير
3	动	动词	dòngcí	فعل
4	能愿	能愿动词	néngyuàn dòngcí	فعل الهيئة
5	形	形容词	xíngróngcí	صفة
6	数	数词	shùcí	عدد
7	量	量词	liàngcí	كلمة القياس
8	数量	数量词	shùliàngcí	كلمة الكمية
9	副	副词	fùcí	ظرف
10	介	介词	jiècí	حرف جر
11	连	连词	liáncí	حرف عطف
12	助	助词 动态助词	dòngtài zhùcí	أداة هيئة
		结构助词	jiégòu zhùcí	أداة بنية
		语气助词	yǔqì zhùcí	أداة صيغة
13	叹	叹词	tàncí	كلمة التعجب
14	拟声	拟声词	nǐshēngcí	محاكاة صوتية
15	头	词头	cítóu	سابقة
16	尾	词尾	cíwěi	لاحقة

الفهرس 目录

01 你好 أهلا وسهلا — 1

语音 الصوتيات
1. 声母、韵母（1） أحرف استهلالية، أحرف صوتية (١)
2. 拼音（1） بينيين (١)
3. 声调 النغمات الصوتية
4. 轻声 النغمة الساكنة
5. 变调 النغمة المتغيرة
6. 拼写说明（1） ملاحظات الكتابة (١)

wènhòu
问候（1）
التحية (١)

02 你身体好吗 كيف حالك — 9

语音 الصوتيات
1. 声母、韵母（2） أحرف استهلالية، أحرف صوتية (٢)
2. 拼音（2） بينيين (٢)
3. 拼写说明（2） ملاحظات الكتابة (٢)

wènhòu
问候（2）
التحية (٢)

03 你工作忙吗 هل أنت مشغول بالعمل — 17

语音 الصوتيات
1. 声母、韵母（3） أحرف استهلالية، أحرف صوتية (٣)
2. 拼音（3） بينيين (٣)
3. 拼写说明（3） ملاحظات الكتابة (٣)
4. "不" "一" 的变调 تغير النغمات لـ "不" و "一"
5. 儿化 الصوت الارتدادي مع -r
6. 隔音符号 علامة الفصل

wènhòu
问候（3）
التحية (٣)

04 您贵姓 ما اسم عائلة حضرتك — 27

语法 القواعد
1. 用"吗"的问句 جملة استفهامية مع "吗"
2. 用疑问代词的问句 سؤال مع الأداة الاستفهامية
3. 形容词谓语句 جملة خبرها صفة

xiāngshí
相识（1）
التعارف (١)

| 05 我介绍一下儿 | لأقدّمْ... | 36 |

语法 **القواعد**	1. 动词谓语句　جملة خبرها فعل	**相识（2）** xiāngshí التعارف (٢)
	2. 表示领属关系的定语　كلمة تشير إلى الملكية أو الحيازة	
	3. "是"字句（1）　(١) جملة "是"	

| 复习（一） | المراجعة (١) | 46 |

| 06 你的生日是几月几号 | متى عيد ميلادك | 50 |

语法 **القواعد**	1. 名词谓语句　جملة خبرها اسم	**询问（1）** xúnwèn طرح السؤال (١)
	2. 年、月、日、星期的表示法 أسماء السنة، الشهر، وأيام الأسبوع	
	3. "……，好吗？"　"……，好吗؟" السؤال	

| 07 你家有几口人 | كم عدد أفراد أسرتك | 60 |

语法 **القواعد**	1. "有"字句　جملة "有"	**询问（2）** xúnwèn طرح السؤال (٢)
	2. 介词结构　تركيب حروف الجر	

| 08 现在几点 | كم الساعة الآن | 69 |

语法 **القواعد**	1. 钟点的读法　كيفية قراءة الساعة	**询问（3）** xúnwèn طرح السؤال (٣)
	2. 时间词　أداة الزمان	

| 09 你住在哪儿 | أين تسكن | 78 |

语法 **القواعد**	1. 连动句　جملة فيها عدة أفعال	**询问（4）** xúnwèn طرح السؤال (٤)
	2. 状语　الحال	

| 10 邮局在哪儿 | أين مكتب البريد | 86 |

语法 **القواعد**	1. 方位词　الاتجاهات	**询问（5）** xúnwèn طرح السؤال (٥)
	2. 正反疑问句　جملة استفهامية للتخيير	

| 复习（二） | المراجعة (٢) | 95 |

11 我要买橘子		أريد أن أشتري بعض البرتقال	101
语法 **القواعد**	1. 语气助词"了"（1）	أداة صيغة "了"（1）	xūyào 需要（1） الحاجات (١)
	2. 动词重叠	تكرار الأفعال	

12 我想买毛衣		أريد أن أشتري كنزة	110
语法 **القواعد**	1. 主谓谓语句	جملة يتكون خبرها من فاعل وخبر	xūyào 需要（2） الحاجات (٢)
	2. 能愿动词	فعل الهيئة	

13 要换车		تحويل الحافلات	119
语法 **القواعد**	1. 能愿动词"会"	فعل الهيئة "会"	xūyào 需要（3） الحاجات (٣)
	2. 数量词作定语	استخدام العدد وكلمة الكمية كصفة	

14 我要去换钱		أنا ذاهب لتحويل العملة	129
语法 **القواعد**	1. 兼语句	جملة محورية	xūyào 需要（4） الحاجات (٤)
	2. 语气助词"了"（2）	أداة صيغة "了"（2）	

15 我要照张相		أريد أن أتلقط صورة	137
语法 **القواعد**	1. "是"字句（2）	جملة "是"（2）	xūyào 需要（5） الحاجات (٥)
	2. 结果补语	مكمل النتيجة	
	3. 介词"给"	حرف جر "给"	

复习（三）	المراجعة (٣)	146

16 你看过京剧吗		هل شاهدت أوبرا بكين	152
语法 **القواعد**	1. 动态助词"过"	أداة "过"	xiāngyuē 相约（1） تحديد موعد (١)
	2. 无主句	جملة بدون فاعل	
	3. "还没（有）……呢"	عبارة "还没（有）……呢"	

17 去动物园		الذهاب إلى حديقة الحيوانات	160
语法 **القواعد**	1. 选择疑问句　السؤال للتخيير		xiāngyuē 相约（2） تحديد موعد (٢)
	2. 表示动作方式的连动句 　　جملة فيها أكثر من فعل واحد لتشير إلى طريقة الفعل		
	3. 趋向补语（1）　مكمل الاتجاه (١)		
18 路上辛苦了		كانت الرحلة متعبة	168
语法 **القواعد**	1. "要……了"　"要……了"		yíngjiē 迎接（1） استقبال (١)
	2. "是……的"　"是……的"		
19 欢迎你		مرحبا بك	177
语法 **القواعد**	1. "从""在"的宾语与"这儿""那儿" 　　المفعول بـه لـ "从" و "在"، مع "这儿" "那儿"		yíngjiē 迎接（2） استقبال (٢)
	2. 动量补语　مكمل عدد المرات		
	3. 动词、动词短语、主谓短语等作定语 　　استخدام فعل، أو عبارة فعلية أو مركب الفاعل والخبر كصفة		
20 为我们的友谊干杯		لنشرب نخب الصداقة	187
语法 **القواعد**	1. 状态补语　مكمل الحال		zhāodài 招　待 الضيافة
	2. 状态补语与宾语　مكمل الحال والمفعول به		
复习（四）		المراجعة (٤)	197
词汇表		فهرس المفردات	204
专名		أسماء العلم	213

01 你好
أهلا وسهلا

wènhòu
问候（1）
التحية (١)

一　句子　الجمل

001　你好！① أهلا وسهلا!
　　　Nǐ hǎo!

002　你好吗？② كيف حالك؟
　　　Nǐ hǎo ma?

003　（我）很好。 (أنا) بخير.
　　　(Wǒ) Hěn hǎo.

004　我也很好。 أنا بخير أيضا.
　　　Wǒ yě hěn hǎo.

二　会话　الحوار

1

大卫：玛丽，你好！
Dàwèi: Mǎlì, nǐ hǎo!

玛丽：你好，大卫！
Mǎlì: Nǐ hǎo, Dàwèi!

التحية (١)　1

2

王兰：你好吗？
Wáng Lán: Nǐ hǎo ma?

刘京：我很好。你好吗？
Liú Jīng: Wǒ hěn hǎo. Nǐ hǎo ma?

王兰：我也很好。
Wáng Lán: Wǒ yě hěn hǎo.

注释　الملاحظات

① 你好！　أهلا وسهلا!

日常问候语。任何时间、任何场合以及任何身份的人都可以使用。对方的回答也应是"你好"。

عبارة التحية اليومية يمكن استخدامها في أي وقت وفي أي مناسبة ولأي شخص مهما كانت مكانته الاجتماعية. يكون الجواب أيضا "你好".

② 你好吗？　كيف حالك؟

常用问候语。回答一般是"我很好"等套语。一般用于已经相识的人之间。

عبارة التحية كثيرة الاستخدام بين المعارف. يكون الجواب عادة "我很好".

三　替换与扩展　التبديل والتوسيع

 替换　التبديل

（1）你好！　>><<　你们

（2）你好吗？　>><<　你们　她　他　他们

2. 扩展　التوسيع

（1）A：你们好吗?
　　　　Nǐmen hǎo ma?

　　　B：我们都很好。
　　　　Wǒmen dōu hěn hǎo.

　　　A：你好吗?
　　　　Nǐ hǎo ma?

　　　B：我也很好。
　　　　Wǒ yě hěn hǎo.

（2）A：你来吗?
　　　　Nǐ lái ma?

　　　B：我来。
　　　　Wǒ lái.

　　　A：爸爸妈妈来吗?
　　　　Bàba māma lái ma?

　　　B：他们都来。
　　　　Tāmen dōu lái.

四　生词　الكلمات الجديدة

1.	你好	nǐ hǎo		أهلا وسهلا
2.	你	nǐ	代	أنت
3.	好	hǎo	形	بخير
4.	吗	ma	助	علامة الاستفهام
5.	我	wǒ	代	أنا
6.	很	hěn	副	جدا
7.	也	yě	副	أيضا
8.	你们	nǐmen	代	أنتم
9.	她	tā	代	هي
10.	他	tā	代	هو
11.	他们	tāmen	代	هم
12.	我们	wǒmen	代	نحن

13.	都	dōu	副		كلّ، جميع
14.	来	lái	动		جاء، أتى
15.	爸爸	bàba	名		والد، أب
16.	妈妈	māma	名		والدة، أم

专名 | أسماء العلم

1.	大卫	Dàwèi	ديفيد
2.	玛丽	Mǎlì	ماري
3.	王兰	Wáng Lán	وانغ لان
4.	刘京	Liú Jīng	ليو جينغ

五 语音 الصوتيات

1. 声母、韵母 (1) أحرف استهلالية، أحرف صوتية (1)

声母 أحرف استهلالية	b p m f d t n l g k h

韵母 أحرف صوتية	a o e i u ü ai ei ao ou en ie uo an ang ing iou (iu)

2. 拼音（1）　بينيين (١)

	a	o	e	ai	ei	ao	ou	an	en	ang
b	ba	bo		bai	bei	bao		ban	ben	bang
p	pa	po		pai	pei	pao	pou	pan	pen	pang
m	ma	mo	me	mai	mei	mao	mou	man	men	mang
f	fa	fo			fei		fou	fan	fen	fang
d	da		de	dai	dei	dao	dou	dan	den	dang
t	ta		te	tai	tei	tao	tou	tan		tang
n	na		ne	nai	nei	nao	nou	nan	nen	nang
l	la		le	lai	lei	lao	lou	lan		lang
g	ga		ge	gai	gei	gao	gou	gan	gen	gang
k	ka		ke	kai	kei	kao	kou	kan	ken	kang
h	ha		he	hai	hei	hao	hou	han	hen	hang

3. 声调　النغمات الصوتية

汉语是有声调的语言。汉语语音有四个基本声调，分别用声调符号 " ˉ "（第一声）、" ˊ "（第二声）、" ˇ "（第三声）、" ˋ "（第四声）表示。

اللغة الصينية لها نغمات صوتية. هناك أربع نغمات أساسية ترمز إلى كل منها علامة " ˉ " (النغمة الأولى) و " ˊ " (النغمة الثانية) و " ˇ " (النغمة الثالثة) و " ˋ " (النغمة الرابعة).

声调有区别意义的作用。例如，mā（妈）、má（麻）、mǎ（马）、mà（骂），声调不同，意思也不同。

تُستعمل النغمات لتمييز معاني المقاطع الصوتية. مثلا، كل من mā (الأم)، má (القنّب)، mǎ (الحصان)، و mà (شَتَمَ) لها نغمة مختلفة لذلك كان المعنى يختلف.

当一个音节只有一个元音时，声调符号标在元音上（元音 i 上有调号时要去掉 i 上的点儿，例如：nǐ）。一个音节的韵母有两个或两个以上的元音时，声调符号要标在主要元音上。例如：lái。

عندما كان في المقطع الصوتي حرف متحرك واحد فقط، توضع علامة النغمة على هذا الحرف المتحرك (لو وضعت علامة النغمة فوق حرف i، يجب حذف النقطة في الحرف i، مثلا: nǐ). عندما كان في المقطع الصوتي حرفان متحركان أو أكثر من اثنين، توضع علامة النغمة على الحرف المتحرك الرئيسي، مثلا: lái.

声调示意图   رسم بياني للنغمات

第四声 、   第三声 ˇ   第二声 ˊ   第一声 -
النغمة الرابعة   النغمة الثالثة   النغمة الثانية   النغمة الأولى

4. 轻声   النغمة الساكنة

普通话里有一些音节读得又轻又短，叫作轻声。书写时轻声不标调号。例如：bàba（爸爸）、tāmen（他们）。

تُنطق بعض المقاطع الصوتية في اللغة الصينية بشكل خفيف وقصير وتسمى هذه النغمة النغمة الساكنة. لا توضع أي علامة على النغمة الساكنة. مثلا: bàba (الأب)، tāmen (هم).

5. 变调   النغمة المتغيرة

（1）两个第三声音节连在一起时，前一个音节变为第二声（调号仍用"ˇ"）。例如，"你好 nǐ hǎo"的实际读音为"ní hǎo"。

إذا تتبع النغمة الثالثة النغمة الثالثة الأخرى، أصبحت أولهما تنطق كالنغمة الثانية (لكن تبقى العلامة تكتب كـ"ˇ"). مثلا: "nǐ hǎo 你好" (أهلا وسهلا) تنطق في الحقيقة "ní hǎo".

（2）第三声音节在第一、二、四声和大部分轻声音节前边时，要变成"半三声"。半三声就是只读原来第三声的前一半降调。例如：nǐmen（你们）→ nˇmen。

عندما تأتي النغمة الثالثة قبل النغمة الأولى والثانية والرابعة ومعظم المقاطع الصوتية الساكنة، أصبح نطقها شبه النغمة الثالثة، أي ينطق النصف الأول الهابط من نطقها الأصلي، ويحذف النصف الثاني الصاعد. مثلا: nǐmen (أنتم) ← nˇmen.

6. 拼写说明（1） ملاحظات الكتابة (١)

以 i 或 u 开头的韵母，前面没有声母时，须把 i 改写为 y，把 u 改写为 w。例如：
ie → ye, uo → wo.

لو كان المقطع الصوتي يبدأ ب i أو u، ولم يكن قبله أي حرف استهلالي، يجب تبديل i ب y، وتبديل u ب w. مثلا: ie → ye, uo → wo.

六 练 习   التمرينات

1. 完成对话   أكمل الحوارات التالية

（1）A：你好！

　　B：_____！

　　A：他好吗？

　　B：_____。

（2）A、B：你好！

　　C：_____！

（3）玛丽：你好吗？

　　王兰：_____。你好吗？

　　玛丽：_____。刘京好吗？

　　王兰：_____。我们_____。

2. 情景会话   المحادثة

（1）你和同学见面，互相问候。

اللقاء وتبادل التحية مع زملائك.

（2）你去朋友家，见到他 / 她的爸爸妈妈，向他们问候。

تزور صديقك في بيته وتسلم على والديه.

3. 在课堂上，同学、老师互相问候　تبادل الزملاء والأستاذ التحية في الدرس

4. 语音练习　التمرينات الصوتية

(1) 辨音　التمييز بين الحروف المتشابهة في النطق

bā（八）	pā（啪）	dā（搭）	tā（他）
gòu（够）	kòu（扣）	bái（白）	pái（排）
dào（到）	tào（套）	gǎi（改）	kǎi（凯）

(2) 轻声　النغمة الساكنة

tóufa （头发）	nàme （那么）
hēi de （黑的）	gēge （哥哥）
lái ba （来吧）	mèimei （妹妹）

(3) 变调　النغمة المتغيرة

bǔkǎo （补考）	hěn hǎo （很好）
dǎdǎo （打倒）	fěnbǐ （粉笔）
měihǎo （美好）	wǔdǎo （舞蹈）
nǐ lái （你来）	hěn lèi （很累）
měilì （美丽）	hǎiwèi （海味）
hěn hēi （很黑）	nǎge （哪个）

wènhòu
问候（2）
التحية (2)

02 你身体好吗
كيف حالك

一 句子 الجمل

005 | 你早！① صباح الخير!
Nǐ zǎo!

006 | 你身体好吗？ كيف حالك؟
Nǐ shēntǐ hǎo ma?

007 | 谢谢！ شكراً!
Xièxie!

008 | 再见！ مع السلامة!
Zàijiàn!

二 会话 الحوار

1

李老师：你早！
Lǐ lǎoshī: Nǐ zǎo!

王老师：你早！
Wáng lǎoshī: Nǐ zǎo!

李老师： 你身体好吗？
Lǐ lǎoshī： Nǐ shēntǐ hǎo ma?

王老师： 很好。谢谢！
Wáng lǎoshī： Hěn hǎo. Xièxie!

2

张老师： 你们好吗？
Zhāng lǎoshī： Nǐmen hǎo ma?

王兰： 我们都很好。
Wáng Lán： Wǒmen dōu hěn hǎo.

您② 身体好吗？
Nín shēntǐ hǎo ma?

张老师： 也很好。再见！
Zhāng lǎoshī： Yě hěn hǎo. Zàijiàn!

刘京： 再见！
Liú Jīng： Zàijiàn!

注释　الملاحظات

① 你早！　صباح الخير!

问候语，只在早上见面时说。

عبارة التحية تستخدم عند اللقاء بين الناس في الصباح فقط.

② 您　أنتم (صيغة الاحترام)

第二人称代词"你"的尊称。通常用于老年人或长辈。为了表示礼貌，对同辈人，特别是初次见面时，也可用"您"。

صيغة الاحترام للضمير المخاطب "أنتم"، تستخدم عادة لمخاطبة المسنين. يمكن استخدامها أيضا حين التحدث مع شخص بنفس عمرك احتراما له وخاصة في أثناء اللقاء الأول بينكم.

02 你身体好吗 كيف حالك

三 替换与扩展 التبديل والتوسيع

1. 替换 التبديل

（1）你早！ ▶◀ 您　你们　张老师　李老师

（2）你身体好吗？ ▶◀ 他　你们　他们　王老师　张老师

2. 扩展 التوسيع

（1）五号　　　　　八号　　　　　九号
　　　wǔ hào　　　　bā hào　　　　jiǔ hào

　　　十四号　　　　二十七号　　　三十一号
　　　shísì hào　　　èrshíqī hào　　sānshíyī hào

（2）A：今天六号。李老师来吗？
　　　　Jīntiān liù hào. Lǐ lǎoshī lái ma?

　　　B：她来。
　　　　Tā lái.

四 生词 الكلمات الجديدة

1.	早	zǎo	形	مبكِّر
2.	身体	shēntǐ	名	جسم
3.	谢谢	xièxie	动	شكرا
4.	再见	zàijiàn	动	مع السلامة

5.	老师	lǎoshī	名	أستاذ، مدرّس
6.	您	nín	代	أنتم (صيغة الاحترام)
7.	一	yī	数	واحد
8.	二	èr	数	اثنان
9.	三	sān	数	ثلاثة
10.	四	sì	数	أربعة
11.	五	wǔ	数	خمسة
12.	六	liù	数	ستة
13.	七	qī	数	سبعة
14.	八	bā	数	ثمانية
15.	九	jiǔ	数	تسعة
16.	十	shí	数	عشرة
17.	号（日）	hào (rì)	量	يوم
18.	今天	jīntiān	名	اليوم

专名　أسماء العلم

1.	李	Lǐ	لي
2.	王	Wáng	وانغ
3.	张	Zhāng	تشانغ

02 你身体好吗 كيف حالك

五 语音 الصوتيات

1. 声母、韵母（2） أحرف استهلالية، أحرف صوتية (2)

声母 أحرف استهلالية	j q x z c s
	zh ch sh r

韵母 أحرف صوتيّة	an en ang eng ong
	ia iao ie iou (iu)
	ian in iang ing iong
	-i er

2. 拼音（2） بينين (2)

	i	ia	iao	ie	iou (iu)	ian	in	iang	ing	iong
j	ji	jia	jiao	jie	jiu	jian	jin	jiang	jing	jiong
q	qi	qia	qiao	qie	qiu	qian	qin	qiang	qing	qiong
x	xi	xia	xiao	xie	xiu	xian	xin	xiang	xing	xiong

	a	e	-i	ai	ei	ao	ou	an	en	ang	eng	ong
z	za	ze	zi	zai	zei	zao	zou	zan	zen	zang	zeng	zong
c	ca	ce	ci	cai	cei	cao	cou	can	cen	cang	ceng	cong
s	sa	se	si	sai		sao	sou	san	sen	sang	seng	song
zh	zha	zhe	zhi	zhai	zhei	zhao	zhou	zhan	zhen	zhang	zheng	zhong
ch	cha	che	chi	chai		chao	chou	chan	chen	chang	cheng	chong
sh	sha	she	shi	shai	shei	shao	shou	shan	shen	shang	sheng	
r		re	ri			rao	rou	ran	ren	rang	reng	rong

3. 拼写说明（2） ملاحظات الكتابة (٢)

（1）韵母 i 或 u 自成音节时，前边分别加 y 或 w。例如：i → yi, u → wu。

عندما كان الحرف الصوتي i أو u جاء بوحده في المقطع الصوتي، يجب إضافة قبله الحرف y أو w. مثلا:

i → yi, u → wu.

（2）-i 代表 z、c、s 后的舌尖前元音 [ɿ]，也代表 zh、ch、sh、r 后的舌尖后元音 [ʅ]。在读 zi、ci、si 或 zhi、chi、shi、ri 时，不要把 -i 读成 [i]。

يرمز i- إلى [ɿ] الحرف المتحرك المصوت الأمامي الذي جاء بعد z و c و s، كما أنه يرمز أيضا إلى [ʅ] الحرف المتحرك المصوت الخلفي الذي جاء بعد zh و ch و sh و r. يجب ألا ينطق ال -i في zi أو ci أو si و zhi و chi و shi و ri كنطق [i].

（3）iou 在跟声母相拼时，中间的元音 o 省略，写成 iu。调号标在后一元音上。例如：jiǔ（九）。

عندما جاء iou بعد حرف استهلالي، يجب حذف الحرف المتحرك o منه ويُكتب كـ iu. وتوضع علامة النغمة على الحرف المتحرك التالي. مثلا: jiǔ (تسعة).

六 练习 التمرينات

1. 完成对话 أكمل الحوارات التالية

（1）A、B：老师，＿＿＿＿＿＿＿＿＿＿＿！

老师：＿＿＿＿＿＿＿＿＿＿＿！

（2）大卫：刘京，你身体＿＿＿＿＿＿＿＿＿＿？

刘京：＿＿＿＿＿＿＿＿＿＿，谢谢！

大卫：王兰也好吗？

刘京：＿＿＿＿＿＿＿。我们＿＿＿＿＿＿＿。

（3）王兰：妈妈，您身体好吗？

妈妈：＿＿＿＿＿＿＿＿＿＿。

02 你身体好吗   كيف حالك

王兰：爸爸 _____ ？

妈妈：他也很好。

2. **熟读下列短语**　اقرأ العبارات التالية

也来 都来 再来	很好 也很好 都很好	谢谢你 谢谢您 谢谢你们 谢谢老师	老师再见 王兰再见 爸爸妈妈再见

3. **情景会话**　المحادثة

（1）两人互相问候并问候对方的爸爸妈妈。

تبادل شخصان التحية ويسلمان على والدي البعض.

（2）同学们和老师见面，互相问候（同学和同学，同学和老师；一个人和几个人，几个人和另外几个人）。

قابل الأستاذ تلاميذه وتبادلون التحية. (تبادل التحية بين الزملاء، وبين الزملاء والأستاذ، وبين شخص واحد والآخرين، وبين مجموعة من الناس.)

4. **语音练习**　التمرينات الصوتية

（1）辨音　التمييز بين الحروف المتشابهة في النطق

shāngliang（商量）	——	xiǎngliàng（响亮）
zhīxī（知悉）	——	zhīxīn（知心）
zájì（杂技）	——	zázhì（杂志）
dàxǐ（大喜）	——	dàshǐ（大使）
bù jí（不急）	——	bù zhí（不直）
xīshēng（牺牲）	——	shīshēng（师生）

(2) 辨调　التمييز بين النغمات المتشابهة في النطق

bā kē	（八棵）	——	bà kè	（罢课）
bùgào	（布告）	——	bù gāo	（不高）
qiān xiàn	（牵线）	——	qiánxiàn	（前线）
xiǎojiě	（小姐）	——	xiǎo jiē	（小街）
jiàoshì	（教室）	——	jiàoshī	（教师）

(3) 读下列词语　اقرأ الكلمات التالية

zǒu lù	（走路）	chūfā	（出发）
shōurù	（收入）	liànxí	（练习）
yǎn xì	（演戏）	sùshè	（宿舍）

03 你工作忙吗

wènhòu 问候（3）
التحية (٣)

هل أنت مشغول بالعمل

一 句子　الجمل

009　你 工作 忙 吗？　هل أنت مشغول بالعمل؟
　　　Nǐ gōngzuò máng ma?

010　很 忙， 你 呢？　نعم، مشغول جدا، وأنت؟
　　　Hěn máng, nǐ ne?

011　我 不 太 忙。　لست مشغولا كثيرا.
　　　Wǒ bú tài máng.

012　你爸爸妈妈身体好吗？
　　　Nǐ bàba māma shēntǐ hǎo ma?
　　　هل والدك ووالدتك بصحة جيدة؟

二 会话　الحوار

1

李老师：你好！
Lǐ lǎoshī: Nǐ hǎo!

张老师：你好！
Zhāng lǎoshī: Nǐ hǎo!

李老师：你工作忙吗？
Lǐ lǎoshī: Nǐ gōngzuò máng ma?

张老师：很忙，你呢？
Zhāng lǎoshī: Hěn máng, nǐ ne?

李老师：我不太忙。
Lǐ lǎoshī: Wǒ bú tài máng.

2

大卫：老师，您早！
Dàwèi: Lǎoshī, nín zǎo!

玛丽：老师好！
Mǎlì: Lǎoshī hǎo!

张老师：你们好！
Zhāng lǎoshī: Nǐmen hǎo!

大卫：老师忙吗？
Dàwèi: Lǎoshī máng ma?

张老师：很忙，你们呢？
Zhāng lǎoshī: Hěn máng, nǐmen ne?

大卫：我不忙。
Dàwèi: Wǒ bù máng.

玛丽：我也不忙。
Mǎlì: Wǒ yě bù máng.

03 هل أنت مشغول بالعمل

3

王兰： 刘 京， 你 好！
Wáng Lán: Liú Jīng, nǐ hǎo!

刘京： 你好！
Liú Jīng: Nǐ hǎo!

王兰： 你爸爸妈妈身体好吗？
Wáng Lán: Nǐ bàba māma shēntǐ hǎo ma?

刘京： 他们都很好。谢谢！
Liú Jīng: Tāmen dōu hěn hǎo. Xièxie!

注释 الملاحظات

❶ 你呢？ وأنت؟

承接上面的话题提出问题。例如："我很忙，你呢"的意思是"你忙吗"，"我身体很好，你呢"的意思是"你身体好吗"。

هو سؤال يُسأل بعد التحدث عن موضوع ما. مثلا: الجملة "我很忙，你呢" تعني "هل أنت مشغول"، و"我身体很好，你呢" تعني "كيف صحتك".

三 替换与扩展 التبديل والتوسيع

1. 替换 التبديل

(1) 老师忙吗？　　　　　　▶◀　好　累

(2) A：你爸爸妈妈身体好吗？　▶◀　哥哥姐姐
　　B：他们都很好。　　　　　　　弟弟妹妹

2. 扩展 التوسيع

（1）一月　　　二月　　　　六月　　　　十二月
　　　yīyuè　　èryuè　　　liùyuè　　　shí'èryuè

（2）今天十月三十一号。
　　　Jīntiān shíyuè sānshíyī hào.

　　　明天十一月一号。
　　　Míngtiān shíyīyuè yī hào.

　　　今年二〇一五年，明年二〇一六年。
　　　Jīnnián èr líng yī wǔ nián, míngnián èr líng yī liù nián.

四 生词　الكلمات الجديدة

1.	工作	gōngzuò	动/名	عَمِلَ، عملٌ
2.	忙	máng	形	مشغول
3.	呢	ne	助	تُستخدم في نهاية الجملة الاستفهامية للإشارة إلى السؤال.
4.	不	bù	副	لا، ليس
5.	太	tài	副	جدا
6.	累	lèi	形	متعب
7.	哥哥	gēge	名	الأخ الكبير
8.	姐姐	jiějie	名	الأخت الكبيرة
9.	弟弟	dìdi	名	الأخ الصغير
10.	妹妹	mèimei	名	الأخت الصغيرة
11.	月	yuè	名	شهر

12.	明天	míngtiān	名	غدا
13.	年	nián	名	سنة، عام
14.	今年	jīnnián	名	هذه السنة
15.	〇（零）	líng	数	صفر
16.	明年	míngnián	名	السنة المقبلة

五 语音 الصوتيات

1. 声母、韵母（3） أحرف استهلالية، أحرف صوتية (3)

韵母 أحرف صوتية	ua　uo　uai　uei (ui)　uan　uen (un)　uang　ueng üe　üan　ün

2. 拼音（3） بينين (3)

	u	ua	uo	uai	uei (ui)	uan	uen (un)	uang
d	du		duo		dui	duan	dun	
t	tu		tuo		tui	tuan	tun	
n	nu		nuo			nuan	nun	
l	lu		luo			luan	lun	
z	zu		zuo		zui	zuan	zun	
c	cu		cuo		cui	cuan	cun	
s	su		suo		sui	suan	sun	
zh	zhu	zhua	zhuo	zhuai	zhui	zhuan	zhun	zhuang

	u	ua	uo	uai	ui	uan	un	uang
ch	chu	chua	chuo	chuai	chui	chuan	chun	chuang
sh	shu	shua	shuo	shuai	shui	shuan	shun	shuang
r	ru	rua	ruo		rui	ruan	run	
g	gu	gua	guo	guai	gui	guan	gun	guang
k	ku	kua	kuo	kuai	kui	kuan	kun	kuang
h	hu	hua	huo	huai	hui	huan	hun	huang

	ü	üe	üan	ün
n	nü	nüe		
l	lü	lüe		
j	ju	jue	juan	jun
q	qu	que	quan	qun
x	xu	xue	xuan	xun

3. 拼写说明（3） ملاحظات الكتابة (3)

（1）ü自成音节或在一个音节开头时写成 yu。例如：Hànyǔ（汉语）、yuànzi（院子）。

لو كان الحرف ü يأتي بوحده في المقطع الصوتي أو كان في بداية المقطع الصوتي، يُكتب ك yu. مثلا: Hànyǔ (اللغة الصينية)، yuànzi (فناء).

（2）j、q、x 与 ü 及以 ü 开头的韵母相拼时，ü 上的两点儿省略。例如：jùzi（句子）、xuéxí（学习）。

لو وضعت x، q، j قبل ü أو المقطع الصوتي الذي يبدأ بالحرف ü، يجب حذف النقطتين فوق الحرف ü. مثلا: jùzi (جملة)، xuéxí (دَرَسَ).

（3）uei、uen 跟声母相拼时，中间的元音省略，写成 ui、un。例如：huí（回）、dūn（吨）。

عندما يأتي uei و uen بعد الأحرف الاستهلالية، يجب حذف الأحرف الصوتية فيها وتُكتب ك ui و un. مثلا: huí (عاد) و dūn (طنّ).

4. "不""一"的调变　　تغير النغمات لـ "不" و "一"

（1）"不"在第四声音节前或由第四声变来的轻声音节前读第二声 bú，例如：bú xiè（不谢）、búshi（不是）；在第一、二、三声音节前仍读第四声 bù，例如：bù xīn（不新）、bù lái（不来）、bù hǎo（不好）。

تُنطق "不" بالنغمة الثانية عندما تأتي قبل حرف بالنغمة الرابعة أو قبل حرف نغمته الأصلية الرابعة لكن تغيرت إلى النغمة الساكنة. مثلا: bú xiè (لا شكر)، búshi (لا). وتبقى نغمة "不" النغمة الرابعة عندما تأتي قبل النغمة الأولى والثانية والثالثة. مثلا: bù xīn (ليس جديدا) و bù lái (لن يأتي) و bù hǎo (ليس جيدا).

（2）"一"在第四声音节前读第二声 yí，例如：yí kuài（一块）；在第一、二、三声音节前读第四声 yì，例如：yì tiān（一天）、yì nián（一年）、yìqǐ（一起）。

تُنطق "一" بالنغمة الثانية عندما تأتي قبل حرف بالنغمة الرابعة. مثلا: yí kuài (قطعة). وأصبحت نغمة "一" النغمة الرابعة yì عندما تأتي قبل النغمة الأولى والثانية والثالثة. مثلا: yì tiān (يوم واحد)، yì nián (سنة واحدة)، yìqǐ (سويا، معا).

5. 儿化　　-r الصوت الارتدادي مع

er 常常跟其他韵母结合在一起，使该韵母成为儿化韵母。儿化韵母的写法是在原韵母之后加 -r。例如：wánr（玩儿）、huār（花儿）。

دائما ما يأتي er مع الأحرف الصوتية الأخرى ليكون صوت هذه الأحرف الصوت الارتدادي. أما كتابة الصوت الارتدادي فتتم بإضافة -r إلى الأحرف الصوتية الأصلية. مثلا: wánr (لَعِبَ)، huār (زهرة).

6. 隔音符号　　علامة الفصل

a、o、e 开头的音节连接在其他音节后面时，为了使音节界限清楚，不致混淆，要用隔音符号"'"隔开。例如：nǚ'ér（女儿）。

عندما تأتي المقاطع الصوتية التي تبدأ بـ a، o، e بعد المقاطع الصوتية الأخرى، يجب فصلها بعلامة الفصل " ' " من أجل الوضوح بين مختلف المقاطع الصوتية. مثلا: nǚ'ér (ابنة).

六 练习 التمرينات

1. 熟读下列短语并造句　اقرأ العبارات التالية وكوّن جملا مفيدة باستخدام هذه العبارات

```
不好          都不忙         不累
不太好        也很忙         不太累
              都很忙         都不累
```

2. 用所给词语完成对话　أكمل الحوارات باستعمال الكلمات بين القوسين

（1）A：今天你来吗？

　　B：＿＿＿＿＿＿＿＿＿＿＿＿。（来）

　　A：明天呢？

　　B：＿＿＿＿＿＿＿＿＿＿＿＿。（也）

（2）A：今天你累吗？

　　B：我不太累。＿＿＿＿＿＿＿？（呢）

　　A：我＿＿＿＿＿＿＿＿＿＿。（也）

　　B：明天你＿＿＿＿＿＿＿＿？（来）

　　A：＿＿＿＿＿＿＿＿＿＿＿＿。（不）

（3）A：你爸爸忙吗？

　　B：＿＿＿＿＿＿＿＿＿＿＿＿。（忙）

　　A：＿＿＿＿＿＿＿＿＿＿＿？（呢）

　　B：她也很忙。我爸爸妈妈＿＿＿＿＿＿＿＿＿。（都）

3. 根据实际情况回答下列问题并互相对话

أجب عن الأسئلة التالية حسب ظروفك وأجر حوارا باستعمال هذه الجمل

（1）你身体好吗？

（2）你忙吗？

（3）今天你累吗？

（4）明天你来吗？

（5）你爸爸（妈妈、哥哥、姐姐……）身体好吗？

（6）他们忙吗？

4. 语音练习　التمرينات الصوتية

（1）辨音　التمييز بين الحروف المتشابهة في النطق

zhǔxí	（主席）	——	chūxí	（出席）
shàng chē	（上车）	——	shàngcè	（上策）
shēngchǎn	（生产）	——	zēng chǎn	（增产）
huádòng	（滑动）	——	huódòng	（活动）
xīn qiáo	（新桥）	——	xīn qiú	（新球）
tuīxiāo	（推销）	——	tuì xiū	（退休）

（2）辨调　التمييز بين النغمات المتشابهة في النطق

càizǐ	（菜籽）	——	cáizǐ	（才子）
tóngzhì	（同志）	——	tǒngzhì	（统治）
héshuǐ	（河水）	——	hē shuǐ	（喝水）
xìqǔ	（戏曲）	——	xīqǔ	（吸取）
huíyì	（回忆）	——	huìyì	（会议）

(3) er 和儿化韵　er والصوت الارتدادي

értóng	（儿童）	nǚ'ér	（女儿）
ěrduo	（耳朵）	èrshí	（二十）

yíhuìr	（一会儿）	yìdiǎnr	（一点儿）
yíxiàr	（一下儿）	yǒudiǎnr	（有点儿）
huār	（花儿）	wánr	（玩儿）
xiǎoháir	（小孩儿）	bīnggùnr	（冰棍儿）

xiāngshí
相识（1）
التعارف (١)

04 您贵姓
ما اسم عائلة حضرتك

一 句子 الجمل

013 我叫玛丽。 اسمي ماري.
Wǒ jiào Mǎlì.

014 认识你，我很高兴。 أنا مسرور بلقائك.
Rènshi nǐ, wǒ hěn gāoxìng.

015 您贵姓？① ما اسم عائلة حضرتك؟
Nín guìxìng?

016 你叫什么名字？② ما اسمك؟
Nǐ jiào shénme míngzi?

017 她姓什么？③ ما اسم عائلتها؟
Tā xìng shénme?

018 她不是老师，她是学生。
Tā bú shì lǎoshī, tā shì xuésheng.
هي ليست مدرّسة، هي طالبة.

二 会话 الحوار

1

玛丽：我叫玛丽，你姓什么？
Mǎlì: Wǒ jiào Mǎlì, nǐ xìng shénme?

王兰：我姓王，我叫王兰。
Wáng Lán: Wǒ xìng Wáng, wǒ jiào Wáng Lán.

玛丽：认识你，我很高兴。
Mǎlì: Rènshi nǐ, wǒ hěn gāoxìng.

王兰：认识你，我也很高兴。
Wáng Lán: Rènshi nǐ, wǒ yě hěn gāoxìng.

2

大卫：老师，您贵姓？
Dàwèi: Lǎoshī, nín guìxìng?

张老师：我姓张。你叫什么名字？
Zhāng lǎoshī: Wǒ xìng Zhāng. Nǐ jiào shénme míngzi?

大卫：我叫大卫。她姓什么？
Dàwèi: Wǒ jiào Dàwèi. Tā xìng shénme?

张老师：她姓王。
Zhāng lǎoshī: Tā xìng Wáng.

04 您贵姓 ما اسم عائلة حضرتك

大卫：她是老师吗？
Dàwèi: Tā shì lǎoshī ma?

张老师：她不是老师，她是学生。
Zhāng lǎoshī: Tā bú shì lǎoshī, tā shì xuésheng.

注释 الملاحظات

① 您贵姓？ ما اسم حضرتك؟

"贵姓"是尊敬、客气地询问姓氏的敬辞。只用于第二人称。回答时要说"我姓……"，不能说"我贵姓……"。

"贵姓" صيغة الاحترام تستخدم للسؤال عن اسم عائلة شخص ما. تُستعمل فقط مع الضمير المخاطب. والجواب "我姓……"، ولن يكون "我贵姓……".

② 你叫什么名字？ ما اسمك؟

也可以说"你叫什么"。用于长辈对晚辈，或者年轻人之间互相询问姓名。对长辈表示尊敬、客气时，不能用这种问法。

يمكن القول أيضا "你叫什么". تُستعمل هذه العبارة بكبار السن لمعرفة اسم الصغار، أو تستعمل بين صغار السن. فانه من أجل الاحترام والأدب، يجب ألا تستعمل هذه العبارة للسؤال عن اسم كبار السن.

③ 她姓什么？ ما اسم عائلتها؟

询问第三者姓氏时用。不能用"她贵姓"。

يجب ألا تستعمل "她贵姓" للسؤال عن اسم عائلة شخص ثالث.

三 替换与扩展 التبديل والتوسيع

1. 替换 التبديل

（1）我认识你。

他	玛丽	那个学生
他们	老师	这个人

（2）A：她是<u>老师</u>吗？
B：她不是老师，她是<u>学生</u>。

大夫	留学生
妹妹	姐姐

2. 扩展 التوسيع

A：我不认识那个人，她叫什么？
　　Wǒ bú rènshi nàge rén, tā jiào shénme?

B：她叫玛丽。
　　Tā jiào Mǎlì.

A：她是美国人吗？
　　Tā shì Měiguórén ma?

B：是，她是美国人。她是我的朋友。
　　Shì, tā shì Měiguórén. Tā shì wǒ de péngyou.

四　生词　الكلمات الجديدة

1.	叫	jiào	动	سمَّى، دعا
2.	认识	rènshi	动	عَرَف
3.	高兴	gāoxìng	形	مسرور
4.	贵姓	guìxìng	名	اسم عائلة حضرتك (صيغة الاحترام)
5.	什么	shénme	代	ما، ماذا
6.	名字	míngzi	名	اسم
7.	姓	xìng	动/名	اسم العائلة

8.	是	shì	动	كون
9.	学生	xuésheng	名	طالب
10.	那	nà	代	ذلك
11.	个	gè	量	كلمة الكمية
12.	这	zhè	代	هذا
13.	人	rén	名	شخص
14.	大夫	dàifu	名	طبيب
15.	留学生	liúxuéshēng	名	طالب أجنبي
16.	朋友	péngyou	名	صديق

专名 أسماء العلم

美国	Měiguó	الولايات المتحدة

五 语 法 القواعد

1. 用"吗"的问句　جملة استفهامية مع "吗"

在陈述句末尾加上表示疑问语气的助词"吗"，就构成了一般疑问句。例如：

تضاف أداة "吗" الاستفهامية إلى جملة خبرية لتكون هذه الجملة جملة استفهامية. مثلا:

① 你好吗？　　　　　　　② 你身体好吗？

③ 你工作忙吗？　　　　　④ 她是老师吗？

2. 用疑问代词的问句　سؤال مع الأداة الاستفهامية

用疑问代词（"谁""什么""哪儿"等）的问句，其词序跟陈述句一样。把陈述句中需要提问的部分改成疑问代词，就构成了疑问句。例如：

إن تركيب السؤال مع الأداة الاستفهامية ("谁" "什么" "哪儿" إلخ) نفس تركيب الجمل الخبرية. يتم تغيير الجمل الخبرية إلى جمل استفهامية فقط بتبديل الجزء الذي يُسأل عنه بالأداة الاستفهامية. مثلا:

① 他姓什么？　　　　② 你叫什么名字？
③ 谁（shéi）是大卫？　④ 玛丽在哪儿（nǎr）？

3. 形容词谓语句　جملة خبرها صفة

谓语的主要成分是形容词的句子，叫作形容词谓语句。例如：

هي جملة يتكون الجزء الرئيسي لخبرها صفة. مثلا:

① 他很忙。　　　　② 他不太高兴。

六　练 习　التمرينات

1. 完成对话　أكمل الحوارات التالية

（1）A：大夫，_____？
　　　B：我姓张。
　　　A：那个大夫_____？
　　　B：他姓李。

（2）A：她_____？
　　　B：是，她是我妹妹。

04 您贵姓　ما اسم عائلة حضرتك

A：她＿＿＿＿＿＿＿＿＿＿＿？

B：她叫京京。

（3）A：＿＿＿＿＿＿＿＿＿＿＿？

B：是，我是留学生。

A：你忙吗？

B：＿＿＿＿＿＿＿＿＿＿＿。你呢？

A：＿＿＿＿＿＿＿＿＿＿＿。

（4）A：今天你高兴吗？

B：＿＿＿＿＿＿＿＿＿＿＿。你呢？

A：＿＿＿＿＿＿＿＿＿＿＿。

2. 情景会话　المحادثة

（1）你和一个中国朋友初次见面，互相问候，问姓名，表现出高兴的心情。

قابلت صديقا صينيا لأول مرة. تتبادلان التحية والسؤال عن اسم الطرف الآخر وأنتما مسروران.

（2）你不认识弟弟的朋友，你向弟弟问他的姓名、身体和工作情况。

لا تعرف صديق أخيك الصغير، فتسأل أخاك الصغير عن اسم هذا الصديق وصحته وعمله.

3. 看图说句子　كوِّن جملا مفيدة مستعينا بالصور

（1）认识

（2）高兴

（3）大夫

4. 听后复述　استمع وأعد الكلام

　　我认识王英，她是学生。认识她我很高兴。她爸爸是大夫，妈妈是老师。他们身体都很好，工作也很忙。她妹妹也是学生，她不太忙。

5. 语音练习　التمرينات الصوتية

(1) 辨音　التمييز بين الحروف المتشابهة في النطق

piāoyáng	（飘扬） ——	biǎoyáng	（表扬）
dǒng le	（懂了） ——	tōng le	（通了）
xiāoxi	（消息） ——	jiāojí	（焦急）
gǔ zhǎng	（鼓掌） ——	gǔzhuāng	（古装）
shǎo chī	（少吃） ——	xiǎochī	（小吃）

(2) 辨调　التمييز بين النغمات المتشابهة في النطق

běifāng	（北方） ——	běi fáng	（北房）
fènliang	（分量） ——	fēn liáng	（分粮）
mǎi huār	（买花儿） ——	mài huār	（卖花儿）
dǎ rén	（打人） ——	dàrén	（大人）
lǎo dòng	（老动） ——	láodòng	（劳动）
róngyì	（容易） ——	róngyī	（绒衣）

(3) 读下列词语：第一声 + 第一声　اقرأ الكلمات التالية: النغمة الأولى + النغمة الأولى

fēijī	（飞机）	cānjiā	（参加）
fāshēng	（发生）	jiāotōng	（交通）
qiūtiān	（秋天）	chūntiān	（春天）
xīngqī	（星期）	yīnggāi	（应该）
chōu yān	（抽烟）	guānxīn	（关心）

xiāngshí
相识（2）
التعارف (٢)

05 我介绍一下儿
لأقدّم...

一 句子 الجمل

019 他是谁？ من هو؟
Tā shì shéi?

020 我介绍一下儿①。 لأقدّم...
Wǒ jièshào yíxiàr.

021 你去哪儿？ إلى أين تذهب؟
Nǐ qù nǎr?

022 张老师在家吗？ هل أستاذ تشانغ في البيت؟
Zhāng lǎoshī zài jiā ma?

023 我是张老师的学生。
Wǒ shì Zhāng lǎoshī de xuésheng.
أنا طالب أستاذ تشانغ.

024 请进！ تفضل بالدخول!
Qǐng jìn!

二 会话 الحوار

1

玛丽：王兰，他是谁？
Mǎlì: Wáng Lán, tā shì shéi?

王兰：玛丽，我介绍一下儿，这是我哥哥。
Wáng Lán: Mǎlì, wǒ jièshào yíxiàr, zhè shì wǒ gēge.

王林：我叫王林。认识你很高兴。
Wáng Lín: Wǒ jiào Wáng Lín. Rènshi nǐ hěn gāoxìng.

玛丽：认识你，我也很高兴。
Mǎlì: Rènshi nǐ, wǒ yě hěn gāoxìng.

王兰：你去哪儿？
Wáng Lán: Nǐ qù nǎr?

玛丽：我去北京大学。你们去哪儿？
Mǎlì: Wǒ qù Běijīng Dàxué. Nǐmen qù nǎr?

王林：我们去商店。
Wáng Lín: Wǒmen qù shāngdiàn.

玛丽：再见！
Mǎlì: Zàijiàn!

王兰、王林：再见！
Wáng Lán、Wáng Lín: Zàijiàn!

2

和子：张 老 师 在 家 吗？
Hézǐ: Zhāng lǎoshī zài jiā ma?

小英：在。您 是——②
Xiǎoyīng: Zài. Nín shì——

和子：我 是 张 老 师 的 学 生，
Hézǐ: Wǒ shì Zhāng lǎoshī de xuésheng,

我 姓 山 下，叫 和 子。
wǒ xìng Shānxià, jiào Hézǐ.

你 是——
Nǐ shì——

小英：我 叫 小 英。张 老 师 是 我 爸 爸。请 进！
Xiǎoyīng: Wǒ jiào Xiǎoyīng. Zhāng lǎoshī shì wǒ bàba. Qǐng jìn!

和子：谢 谢！
Hézǐ: Xièxie!

注释 الملاحظات

❶ 我介绍一下儿。 لأقدم...

给别人作介绍时的常用语。"一下儿"表示动作经历的时间短或轻松随便。这里是表示后一种意思。

عبارة كثيرة الاستعمال لتقديم الآخرين. "—下儿" تشير إما إلى فعل يستمر لوقت وجيز جدا، إما إلى فعل يمكن القيام به بسهولة وبشكل غير رسمي. فهنا تشير إلى المعنى الثاني.

05 我介绍一下儿 لأقدم...

❷ 您是——？ أنت...؟

意思是"您是谁"。被问者应接下去答出自己的姓名或身份。这种句子是在对方跟自己说话，而自己又不认识对方时发出的询问。注意："你是谁"这种问法不太客气，所以对不认识的人，当面一般不问"你是谁"，而是问"您是——"。

يعني "您是谁" (من أنت؟). هنا يجب أن يذكر المخاطب اسمه أو هويته. يُستعمل هذا السؤال عندما بادر شخص لا تعرفه التحدث معك فتسأله عن هويته. انتبه، "你是谁" ليس طريقا لائقا ومؤدبا جدا. لذلك عندما تلقي سؤالا لمن لا تعرفه، من الأفضل أن تسأل "——您是" بدلا من "你是谁".

  替换与扩展 التبديل والتوسيع

1. 替换 التبديل

（1）<u>我介绍</u>一下儿。　　≫≪　　你来　我看　你听　我休息

（2）A：你去哪儿？　　　≫≪　　商店　宿舍　教室
　　　B：我去<u>北京大学</u>。　　　　　酒吧　　超市

（3）<u>张老师</u>在家吗？　　≫≪　　你爸爸　你妈妈　你妹妹

2. 扩展 التوسيع

（1）A：你 去 商 店 吗？
　　　　　Nǐ qù shāngdiàn ma?

　　　B：我 不 去 商 店，我 回 家。
　　　　　Wǒ bú qù shāngdiàn, wǒ huí jiā.

（2）A：大卫在宿舍吗？
　　　Dàwèi zài sùshè ma?

　　B：不在，他在３０２教室。
　　　Bú zài, tā zài sān líng èr jiàoshì.

四　生词　الكلمات الجديدة

1.	谁	shéi/shuí	代	مَنْ
2.	介绍	jièshào	动	قدَّم، عرَّف
3.	一下儿	yíxiàr	数量	تشير إما إلى فعل يستمر لوقت وجيز جدا، إما إلى فعل يمكن القيام به بسهولة وبشكل غير رسمي
4.	去	qù	动	ذَهَبَ
5.	哪儿	nǎr	代	أين
6.	在	zài	动/介	في، ب
7.	家	jiā	名	بيت
8.	的	de	助	للإشارة إلى الملكية
9.	请	qǐng	动	تفضلْ
10.	进	jìn	动	دَخَلَ
11.	大学	dàxué	名	جامعة
12.	商店	shāngdiàn	名	دكان، محل
13.	看	kàn	动	نظر، رأى
14.	听	tīng	动	سمع، استمع

15.	休息	xiūxi	动	استراح
16.	宿舍	sùshè	名	مسكن، سكن جامعي
17.	教室	jiàoshì	名	حجرة الدرس
18.	酒吧	jiǔbā	名	الحانة، البار
19.	超市	chāoshì	名	سوبرماركت
20.	回	huí	动	عاد، رجع

专名 أسماء العلم

1.	王林	Wáng Lín	وانغ لين
2.	北京大学	Běijīng Dàxué	جامعة بكين
3.	山下和子	Shānxià Hézǐ	كازوكو ياماشيتا
4.	小英	Xiǎoyīng	شياو يينغ

五 语 法 القواعد

1. 动词谓语句　　جملة خبرها فعل

谓语的主要成分是动词的句子，叫作动词谓语句。动词如带有宾语，宾语在动词的后边。例如：

هي جملة يتكون خبرها من فعل. لو جاء مع الفعل مفعول به، يجب وضع المفعول به بعد الفعل. مثلا:

① 他来。　　　　　② 张老师在家。
③ 我去北京大学。

2. 表示领属关系的定语   كلمة تشير إلى الملكية أو الحيازة

（1）代词、名词作定语表示领属关系时，后面要加结构助词"的"。例如：他的书、张老师的学生、王兰的哥哥。

عندما يُستخدم الضمير أو الاسم للإشارة إلى الملكية أو الحيازة، يجب إضافة بعده "的"، مثلا:

"他的书"، "张老师的学生"، "王兰的哥哥".

（2）人称代词作定语，而中心语是亲属称谓，或表示集体、单位等的名词时，定语后可以不用"的"。例如：我哥哥、他姐姐、我们学校。

عندما تشير الضمائر الشخصية إلى الملكية وتكون الكلمة الرئيسية في الجملة هي أسماء الأقرباء أو أسماء جماعة أو مؤسسة، يمكن حذف "的"، مثلا: "我哥哥"، "他姐姐"، "我们学校".

3. "是"字句（1）   (١) جملة "是"

动词"是"和其他词或短语一起构成谓语的句子，叫作"是"字句。"是"字句的否定形式，是在"是"前加否定副词"不"。例如：

هي الجملة التي يتكون خبرها من فعل "是" و كلمات أو عبارات أخرى. صيغة النفي لجملة "是" أن تُضاف كلمة "不" قبل "是". مثلا:

> ① 他是大夫。　　　　② 大卫是她哥哥。
> ③ 我不是学生，是老师。

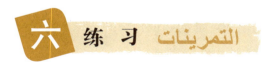

六　练习　التمرينات

1. 熟读下列短语并造句   اقرأ العبارات التالية وكوّن جملا مفيدة باستخدام هذه العبارات

| 叫什么 | 认识谁 | 在哪儿 |
| 去商店 | 妈妈的朋友 | 王兰的哥哥 |

05 我介绍一下儿

2. 用所给词语完成对话　　أكمل الحوارات باستعمال الكلمات بين القوسين

（1）A：王兰在哪儿？

B：_____。（教室）

A：_____？（去教室）

B：不。我_____。（回宿舍）

（2）A：你认识王林的妹妹吗？

B：_____。你呢？

A：我认识。

B：_____？（名字）

A：她叫王兰。

（3）A：_____？（商店）

B：去。

A：这个商店好吗？

B：_____。（好）

3. 看图说句子　　كوّن جملا مفيدة مستعينا بالصور

（1）去　　超市

（2）在　　教室

（3）回　　宿舍　　　　　　　　（4）是　　老师

4. 根据句中的画线部分，把句子改成用疑问代词提出问题的问句

غيّر الجمل التالية إلى أسئلة حسب الكلمات التي تحتها خط

（1）他是<u>我</u>的老师。➡ _____

（2）她姓<u>王</u>。➡ _____

（3）她叫<u>京京</u>。➡ _____

（4）<u>她</u>认识王林。➡ _____

（5）王老师去<u>教室</u>。➡ _____

（6）玛丽在<u>宿舍</u>。➡ _____

5. 听后复述　استمع وأعد الكلام

我介绍一下儿，我叫玛丽，我是美国留学生。那是大卫，他是我的朋友，他也是留学生，他是法国人（Fǎguórén, فرنسي）。刘京、王兰是我们的朋友，认识他们我们很高兴。

6. 语音练习 التمرينات الصوتية

(1) 辨音　التمييز بين الحروف المتشابهة في النطق

zhīdao	（知道） ——	chídào	（迟到）
běnzi	（本子） ——	pénzi	（盆子）
zìjǐ	（自己） ——	cíqì	（瓷器）
niǎolóng	（鸟笼） ——	lǎonóng	（老农）
qílì	（奇丽） ——	qí lǘ	（骑驴）
jiāotì	（交替） ——	jiāo dì	（浇地）

(2) 辨调　التمييز بين النغمات المتشابهة في النطق

núlì	（奴隶） ——	nǔlì	（努力）
chīlì	（吃力） ——	chī lí	（吃梨）
jiù rén	（救人） ——	jiǔ rén	（九人）
měijīn	（美金） ——	méi jìn	（没劲）
zhuāng chē	（装车） ——	zhuàng chē	（撞车）
wán le	（完了） ——	wǎn le	（晚了）

(3) 读下列词语：第一声 + 第二声　اقرأ الكلمات التالية: النغمة الأولى + النغمة الثانية

bā lóu	（八楼）	gōngrén	（工人）
jīnnián	（今年）	tī qiú	（踢球）
huānyíng	（欢迎）	shēngcí	（生词）
dāngrán	（当然）	fēicháng	（非常）
gōngyuán	（公园）	jiātíng	（家庭）

复习（一）
المراجعة (1)

一 会 话 الحوار

1

林：你好！

A：林大夫，您好！

林：你爸爸妈妈身体好吗？

A：他们身体都很好。谢谢！

林：这是——

A：这是我朋友，叫马小民（Mǎ Xiǎomín, ماشياو مين）。〔对马小民说〕林大夫是我爸爸的朋友。

马：林大夫，您好！认识您很高兴。

林：认识你，我也很高兴。你们去哪儿？

马：我回家。

A：我去他家。您呢？

林：我去商店。再见！

A、马：再见！

المراجعة (1) 复习（一）

2

高（Gāo, قاو）：马小民在家吗？

B：在。您贵姓？

高：我姓高，我是马小民的老师。

B：高老师，请进。

高：你是——

B：我是马小民的姐姐，我叫马小清（Mǎ Xiǎoqīng, ما شياو تشينغ）。

二 语法 القواعد

"也"和"都"的位置 موضع "也" و "都"

（1）副词"也"和"都"必须放在主语之后、谓语动词或形容词之前。"也""都"同时修饰谓语时，"也"必须在"都"前边。例如：

يجب وضع أداة "也" و "都" بعد الفاعل وقبل الفعل أو الصفة. عندما تُستخدم كلام من "也" و "都" لوصف الخبر، لا بد أن تأتي كلمة "也" قبل "都". مثلا:

① 我也很好。

② 他们都很好。

③ 我们都是学生，他们也都是学生。

（2）"都"一般总括它前边出现的人或事物，因此只能说"我们都认识他"，不能说"我都认识他们"。

عادة تشير "都" إلى كل الأشخاص أو الأشياء المذكورة قبلها، لذلك يجب قول "我们都认识他" بدلا من "我都认识他们".

三 练习 التمرينات

1. 辨音辨调　التمييز بين الحروف والنغمات المتشابهة في النطق

（1）送气音与不送气音　صوت الزفر وغير الزفر

b	bǎo le	饱了	شبِع
p	pǎo le	跑了	فرَّ، هرب
d	dà de	大的	كبير
t	tā de	他的	لديه
g	gāi zǒu le	该走了	حان الوقت للذهاب
k	kāizǒu le	开走了	ساق (سيارة) بعيدا
j	dì-jiǔ	第九	التاسع
q	dìqiú	地球	الكرة الأرضية

（2）区别几个易混的声母和韵母　التمييز بين الأحرف الاستهلالية والأحرف الصوتية المتشابهة

j—x	jiějie	（姐姐）	—	xièxie	（谢谢）
s—sh	sìshísì	（四十四）	—	shì yi shì	（试一试）
üe—ie	dàxué	（大学）	—	dàxiě	（大写）
uan—uang	yì zhī chuán	（一只船）	—	yì zhāng chuáng	（一张床）

（3）区别不同声调的不同意义　التمييز بين المعاني للنغمات المختلفة

yǒu	（有 امتلك، لديه）	—	yòu	（又 مرة أخرى）
jǐ	（几 كم عدده）	—	jì	（寄 أرسل بالبريد）
piāo	（漂 طفا）	—	piào	（票 تذكرة）
shí	（十 عشرة）	—	shì	（是 نعم）
sī	（丝 حرير）	—	sì	（四 أربعة）
xǐ	（洗 غسل）	—	xī	（西 غرب）

2. 三声音节连读 الوصل بين النغمات الثالثة

（1）Wǒ hǎo.　　　　（2）Nǐ yǒu.

　　　Wǒ hěn hǎo.　　　　　　Nǐ yǒu biǎo (ساعة).

　　　Wǒ yě hěn hǎo.　　　　　Nǐ yě yǒu biǎo.

四　阅读短文　اقرأ المقالة التالية

他叫大卫。他是法国人。他在北京语言大学（Běijīng Yǔyán Dàxué, جامعة بكين للغات والثقافة）学习。

玛丽是美国人。她认识大卫。他们是同学（tóngxué, زملاء）。

刘京和（hé, و）王兰都是中国人（Zhōngguórén, صيني）。他们都认识玛丽和大卫。他们常去留学生宿舍看玛丽和大卫。

玛丽和大卫的老师姓张。张老师很忙。他身体不太好。张老师的爱人（àiren, زوجة، قرينة）是大夫。她身体很好，工作很忙。

xúnwèn
询问（1）
طرح السؤال (١)

06 你的生日是几月几号
متى عيد ميلادك

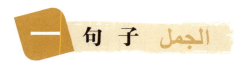
句子　الجمل

025 | 今天几号？　ما تاريخ اليوم؟
Jīntiān jǐ hào?

026 | 今天八号。　اليوم الثامن.
Jīntiān bā hào.

027 | 今天不是星期四，昨天星期四。
Jīntiān bú shì xīngqīsì, zuótiān xīngqīsì.
اليوم ليس الخميس. إنما أمس هو الخميس.

028 | 晚上你做什么？
Wǎnshang nǐ zuò shénme?
ماذا تفعل هذا المساء؟

029 | 你的生日是几月几号？
Nǐ de shēngrì shì jǐ yuè jǐ hào?
متى عيد ميلادك؟

030 | 我们上午去她家，好吗？
Wǒmen shàngwǔ qù tā jiā, hǎo ma?
ما رأيك أن نزور بيتها في الصباح؟

06 你的生日是几月几号 متى عيد ميلادك

二 会话 الحوار

1

玛丽： 今天几号？
Mǎlì： Jīntiān jǐ hào?

大卫： 今天八号。
Dàwèi： Jīntiān bā hào.

玛丽： 今天星期四吗？
Mǎlì： Jīntiān xīngqīsì ma?

大卫： 今天不是星期四，昨天星期四。
Dàwèi： Jīntiān bú shì xīngqīsì, zuótiān xīngqīsì.

玛丽： 明天星期六，晚上你做什么？
Mǎlì： Míngtiān xīngqīliù, wǎnshang nǐ zuò shénme?

大卫： 我看电影，你呢？
Dàwèi： Wǒ kàn diànyǐng, nǐ ne?

玛丽： 我去酒吧。
Mǎlì： Wǒ qù jiǔbā.

2

玛丽： 王兰，你的生日是几月几号？
Mǎlì： Wáng Lán, nǐ de shēngrì shì jǐ yuè jǐ hào?

王兰： 三月十七号。你呢？
Wáng Lán： Sānyuè shíqī hào. Nǐ ne?

玛丽： 五月九号。
Mǎlì： Wǔyuè jiǔ hào.

王兰: 四号是张丽英的生日。
Wáng Lán: Sì hào shì Zhāng Lìyīng de shēngrì.

玛丽: 四号星期几?
Mǎlì: Sì hào xīngqī jǐ?

王兰: 星期天。
Wáng Lán: Xīngqītiān.

玛丽: 你去她家吗?
Mǎlì: Nǐ qù tā jiā ma?

王兰: 去,你呢?
Wáng Lán: Qù, nǐ ne?

玛丽: 我也去。
Mǎlì: Wǒ yě qù.

王兰: 我们上午去,好吗?
Wáng Lán: Wǒmen shàngwǔ qù, hǎo ma?

玛丽: 好。
Mǎlì: Hǎo.

三 替换与扩展 التبديل والتوسيع

1. 替换 التبديل

(1) <u>今天</u>几号? ▶▶◀◀

| 昨天 | 这个星期六 |
| 明天 | 这个星期日 |

(2) A: 晚上你做什么? ▶▶◀◀
    B: 我<u>看电影</u>。

| 看书 | 听音乐 |
| 看电视 | 看微信 |

06 你的生日是几月几号 — متى عيد ميلادك

（3）我们<u>上午</u>去她家，好吗？ 晚上去酒吧　下午去书店
星期天听音乐　明天去买东西

2. 扩展　التوسيع

（1）A：明 天 是 几 月 几 号，星 期 几？
　　　Míngtiān shì jǐ yuè jǐ hào, xīngqī jǐ?

　　B：明 天 是 十一月 二十八 号，星 期 日。
　　　Míngtiān shì shíyīyuè èrshíbā hào, xīngqīrì.

（2）这 个 星 期 五 是 我 朋 友 的 生 日。他 今 年
　　Zhège xīngqīwǔ shì wǒ péngyou de shēngrì. Tā jīnnián
　　二 十 岁。下 午 我 去 他 家 看 他。
　　èrshí suì. Xiàwǔ wǒ qù tā jiā kàn tā.

四　生 词　الكلمات الجديدة

1.	几	jǐ	代	كم
2.	星期	xīngqī	名	أسبوع
3.	昨天	zuótiān	名	أمس
4.	晚上	wǎnshang	名	مساء
5.	做	zuò	动	فَعَل، عَمِل
6.	生日	shēngrì	名	عيد ميلاد
7.	上午	shàngwǔ	名	صباح

8.	电影	diànyǐng	名	فيلم
9.	星期天 （星期日）	xīngqītiān (xīngqīrì)	名	يوم الأحد
10.	书	shū	名	كتاب
11.	音乐	yīnyuè	名	موسيقى
12.	电视	diànshì	名	تلفزيون
13.	微信	wēixìn	名	تطبيق ويتشات (WeChat)
14.	下午	xiàwǔ	名	بعد الظهر
15.	书店	shūdiàn	名	محل الكتب
16.	买	mǎi	动	اشترى
17.	东西	dōngxi	名	أشياء
18.	岁	suì	量	عُمر، سنّ

专名 أسماء العلم

张丽英	Zhāng Lìyīng	تشانغ لي يينغ

五 语法 القواعد

1. 名词谓语句 جملة خبرها اسم

（1）由名词、名词短语或数量词等直接作谓语的句子，叫作名词谓语句。肯定句不用"是"（如用"是"则是动词谓语句）。这种句子主要用来表达时间、年龄、籍贯及数量等。例如：

06　你的生日是几月几号　　متى عيد ميلادك

هي جملة يتكون خبرها من اسم أو عبارة اسمية أو كلمة كمية. لا تُستخدم "是" في الجملة الخبرية (الجملة فيها "是" هي جملة خبرها فعل). تستخدم هذا النوع من الجملة لتوضيح الوقت، العمر، مكان الميلاد أو الكمية. مثلا:

① 今天星期天。　　　② 我今年二十岁。
③ 他北京人。

（2）如果要表示否定，在名词谓语前加"不是"，变成动词谓语句。例如：
للنفي، أضف "不是" قبل الخبر فتصبح الجملة جملة خبرها فعل. مثلا:

④ 今天不是星期天。　　　⑤ 他不是北京人。

2. 年、月、日、星期的表示法　　أسماء السنة، الشهر، أيام الشهر، وأيام الأسبوع

（1）年的读法是直接读出每个数字。例如：
كيفية قراءة السنة هي ببساطة قراءة كل رقم. مثلا:

一 九 九 八 年　　　　二 〇 〇 六 年
yī jiǔ jiǔ bā nián　　　　èr líng líng liù nián
二 〇 二 四 年
èr líng èr sì nián

（2）十二个月的名称是数词"一"至"十二"后边加"月"。例如：
أسماء الشهور الاثني عشر هي الرقم واحد حتى الرقم اثني عشر مع كلمة "月" بعد هذا الرقم. مثلا:

一月　　　五月　　　九月　　　十二月
yīyuè　　wǔyuè　　jiǔyuè　　shí'èryuè

（3）日的表示法同月。数词1至31后加"日"或"号"（"日"多用于书面语，"号"多用于口语）。

أسماء أيام الشهر متشابهة لأسماء الشهور، هي الرقم واحد حتى الرقم واحد وثلاثين مع كلمة "日" أو "号" بعد هذا الرقم (تُستعمل "日" عادة في اللغة المكتوبة وتستعمل "号" عادة في اللغة الشفوية).

（4）星期的表示法是"星期"后加数词"一"至"六"。第七天为"星期日"，或叫"星期天"。

أسماء أيام الأسبوع تتكون من كلمة "星期" والرقم واحد حتى الستة. أما يوم الأحد فهو "星期日" أو "星期天".

（5）年、月、日、星期的顺序如下：

ترتيب أسماء السنة، الشهر، أيام الشهر، وأيام الأسبوع كما يلي:

2021 年 6 月 12 日（星期六）

3. "……，好吗？"   السؤال "……，好吗？"

（1）这是用来提出建议后，征询对方意见的一种问法。问句的前一部分是陈述句。例如：

هو طريق من طرق السؤال عن رأي الطرف الآخر. الجزء الأول من الجملة هي جملة خبرية. مثلا:

① 你来我宿舍，好吗？   ② 明天去商店，好吗？

（2）如果同意，就用"好""好啊（wa）"等应答。

لو كان الجواب موافقة، يمكن القول "好" أو "好啊(wa)".

六　练习　التمرينات

1. 熟读下列短语并选择四个造句

اقرأ العبارات التالية واختر أربعا منها واستعملها في جمل مفيدة

做什么　　看书　　他的生日
买什么　　看电影　　我的宿舍

06 你的生日是几月几号   متى عيد ميلادك

星期天下午
明天上午
今天下午

看电视
听音乐
去书店

2. 完成对话   أكمل الحوارات التالية

（1）A：明天星期几？

　　　B：_____。

　　　A：_____？

　　　B：我看电视。

（2）A：这个星期六是几月几号？

　　　B：_____。

　　　A：你去商店吗？

　　　B：_____，我工作很忙。

（3）A：这个星期天晚上你做什么？

　　　B：_____。你呢？

　　　A：_____。

3. 谈一谈   المحادثة

（1）同学们互相介绍自己的生日。

يتحدث الزملاء عن عيد ميلادهم.

（2）介绍一下儿你做下面几件事情的时间。

حدثنا عن متى تعمل الأشياء التالية.

| 看书 | 看电视 | 听音乐 | 买东西 | 看电影 |

4. 听后复述　استمع وأعد الكلام

今天星期天，我不学习（xuéxí, درَسَ）。上午我去商店，下午我去看电影，晚上我去酒吧。

5. 语音练习　التمرينات الصوتية

(1) 辨音　التمييز بين الحروف المتشابهة في النطق

zhuànglì（壮丽）	——	chuànglì（创立）
zǎoyuán（枣园）	——	cǎoyuán（草原）
rénmín（人民）	——	shēngmíng（声明）
pǎo bù（跑步）	——	bǎohù（保护）
niúnǎi（牛奶）	——	yóulǎn（游览）
qǐzǎo（起早）	——	xǐ zǎo（洗澡）

(2) 辨调　التمييز بين النغمات المتشابهة في النطق

túdì（徒弟）	——	tǔdì（土地）
xuèyè（血液）	——	xuéyè（学业）
cāi yi cāi（猜一猜）	——	cǎi yi cǎi（踩一踩）
zǔzhī（组织）	——	zǔzhǐ（阻止）
jiǎnzhí（简直）	——	jiān zhí（兼职）
jiǎng qíng（讲情）	——	jiǎngqīng（讲清）

(3) 读下列词语：第一声 + 第三声　اقرأ الكلمات التالية: النغمة الأولى + النغمة الثالث

qiānbǐ （铅笔）	jīchǎng （机场）
xīnkǔ （辛苦）	jīnglǐ （经理）
shēntǐ （身体）	cāochǎng （操场）
hēibǎn （黑板）	kāishǐ （开始）
fāngfǎ （方法）	gēwǔ （歌舞）

07 你家有几口人

xúnwèn
询问（2）
طرح السؤال (٢)

كم عدد أفراد أسرتك

一 句子 الجمل

031
你家有几口人？①
Nǐ jiā yǒu jǐ kǒu rén?
كم عدد أفراد أسرتك؟

032
你妈妈做什么工作？
Nǐ māma zuò shénme gōngzuò?
ما هو عمل والدتك؟

033
她在大学工作。 تعمل في الجامعة.
Tā zài dàxué gōngzuò.

034
我家有爸爸妈妈和两个弟弟②。
Wǒ jiā yǒu bàba māma hé liǎng ge dìdi.
في أسرتي والد ووالدة وأخوان أصغران.

035
哥哥结婚了。 الأخ الكبير متزوج.
Gēge jié hūn le.

036
他们没有孩子。 ليس لديهم ولد.
Tāmen méiyǒu háizi.

二 会 话 الحوار

1

大卫： 刘京，你家有几口人？
Dàwèi: Liú Jīng, nǐ jiā yǒu jǐ kǒu rén?

刘京： 四口人。你家呢？
Liú Jīng: Sì kǒu rén. Nǐ jiā ne?

大卫： 三口人，爸爸 妈妈 和 我。
Dàwèi: Sān kǒu rén, bàba māma hé wǒ.

刘京： 你爸爸 妈妈 做 什么 工作？
Liú Jīng: Nǐ bàba māma zuò shénme gōngzuò?

大卫： 我 爸爸在公司 工作。我妈妈在大学工作。
Dàwèi: Wǒ bàba zài gōngsī gōngzuò. Wǒ māma zài dàxué gōngzuò.

2

大卫： 和子，你家有什么人？
Dàwèi: Hézǐ, nǐ jiā yǒu shénme rén?

和子： 爸爸 妈妈 和 两个 弟弟。
Hézǐ: Bàba māma hé liǎng ge dìdi.

大卫： 你弟弟是学生 吗？
Dàwèi: Nǐ dìdi shì xuésheng ma?

和子： 是，他们学习 英语。
Hézǐ: Shì, tāmen xuéxí Yīngyǔ.

大卫： 你妈妈工作吗？
Dàwèi: Nǐ māma gōngzuò ma?

和子： 她不工作。
Hézǐ: Tā bù gōngzuò.

3

王兰： 你家有谁？③
Wáng Lán: Nǐ jiā yǒu shéi?

玛丽： 爸爸 妈妈 和 姐姐。
Mǎlì: Bàba māma hé jiějie.

王兰： 你姐姐工作吗？
Wáng Lán: Nǐ jiějie gōngzuò ma?

玛丽： 工作。她是职员，在银行工作。你哥哥做什么工作？
Mǎlì: Gōngzuò. Tā shì zhíyuán, zài yínháng gōngzuò. Nǐ gēge zuò shénme gōngzuò?

王兰： 他是大夫。
Wáng Lán: Tā shì dàifu.

玛丽： 他结婚了吗？
Mǎlì: Tā jié hūn le ma?

王兰： 结婚了。他爱人是护士。
Wáng Lán: Jié hūn le. Tā àiren shì hùshi.

玛丽： 他们有孩子吗？
Mǎlì: Tāmen yǒu háizi ma?

王兰： 没有。
Wáng Lán: Méiyǒu.

注释 الملاحظات

❶ 你家有几口人？ كم عدد أفراد أسرتك؟

"几口人"只用于询问家庭的人口。其他场合询问人数时，量词要用"个""位"等。

تُستعمل "几口人" فقط للسؤال عن عدد أفراد الأسرة. أما السؤال عن عدد الأشخاص في مناسبات أخرى فيجب استعمال "个" أو "位".

❷ 两个弟弟 أخوان أصغران

"两"和"二"都表示"2"。在量词前一般多用"两"，不用"二"。例如：两个朋友、两个哥哥。但10以上数字中的"2"，如12、32等数字中的"2"，不管后面有无量词，都用"二"，不用"两"。例如：十二点、二十二个学生。

كلا من "两" و "二" تعني "2". تستعمل "两" بدلا من "二" قبل كلمة كمية، مثلا: "两个朋友" و"两个哥哥". لكن الرقم اثنين في عدد أكبر من عشرة مثل "2" في 12 و 32 هو "二" وليس "两". مثلا: "十二点" و"二十二个学生".

❸ 你家有谁？ من أفراد أسرتك؟

此句与"你家有什么人"意思相同。"谁"既可以是单数（一个人），也可以是复数（几个人）。

هذه الجملة معناها نفس معنى "你家有什么人". "谁" يمكن أن تشير إلى كلمة مفردة (شخص واحد) أو جمع (عدة أشخاص).

三 替换与扩展 التبديل والتوسيع

1. 替换 التبديل

(1) 他学习<u>英语</u>。 汉语 日语 韩语

（2）她在<u>银行</u> <u>工作</u>。　▶◀

教室	上课
宿舍	上网
家	看电视

（3）<u>他们</u>有<u>孩子</u>吗？　▶◀

你	姐姐	他	妹妹
你	英语书	他	汉语书
你	电脑	他	手机

2. 扩展　التوسيع

（1）我 在 北京 语言 大学 学习。
　　　Wǒ zài Běijīng Yǔyán Dàxué xuéxí.

（2）今 天 有 汉语 课，明 天 没 有 课。
　　　Jīntiān yǒu Hànyǔkè, míngtiān méiyǒu kè.

（3）下 课 了，我 回 宿舍 休息。
　　　Xià kè le, wǒ huí sùshè xiūxi.

（4）他 有 手机，没 有 电脑。
　　　Tā yǒu shǒujī, méiyǒu diànnǎo.

四　生 词　الكلمات الجديدة

1.	有	yǒu	动	امتلك، لديه
2.	口	kǒu	量	كلمة كمية لعدد أفراد الأسرة
3.	和	hé	连	و، مع
4.	两	liǎng	数	اثنان
5.	结婚	jié hūn		تزوّج

6.	了	le	助	تُستعمل بعد فعل أو صفة لتشير إلى إتمام وإكمال فعل ما.
7.	没有	méiyǒu	动	بدون، ليس لديه
8.	孩子	háizi	名	طفل، ولد
9.	公司	gōngsī	名	شركة
10.	学习	xuéxí	动	دَرَسَ
11.	英语	Yīngyǔ	名	اللغة الإنجليزية
12.	职员	zhíyuán	名	موظف
13.	银行	yínháng	名	بنك
14.	爱人	àiren	名	زوج م زوجة، قرين م قرينة
15.	护士	hùshi	名	ممرض
16.	汉语	Hànyǔ	名	اللغة الصينية
17.	日语	Rìyǔ	名	اللغة اليابانية
18.	韩语	Hányǔ	名	اللغة الكورية
19.	上课	shàng kè		حضر درسا
20.	上网	shàng wǎng		تصفح الإنترنت
	网	wǎng	名	شبكة الإنترنت
21.	电脑	diànnǎo	名	كمبيوتر
22.	手机	shǒujī	名	هاتف محمول
23.	下课	xià kè		انتهى الدرس

专名 أسماء العلم

北京语言大学	Běijīng Yǔyán Dàxué	جامعة بكين للغات والثقافة

五 语法 القواعد

1. "有"字句   جملة "有"

由"有"及其宾语作谓语的句子,叫"有"字句。这种句子表示领有。它的否定式是在"有"前加副词"没",不能加"不"。例如:

هي الجملة التي يتكون خبرها من "有" والمفعول به لفعل "有". ويشير هذا النوع من الجملة إلى امتلاك شيء. صيغة النفي أن تضاف "没" قبل "有"، لا يمكن أن تضاف "不". مثلا:

① 我有汉语书。　　② 他没有哥哥。

③ 他没有日语书。

2. 介词结构   تركيب حروف الجر

介词跟它的宾语组成介词结构,常用在动词前作状语。如"在银行工作""在教室上课"中的"在银行""在教室"都是由介词"在"和它的宾语组成的介词结构。

يتكون تركيب حروف الجر من حرف جر والاسم بعده. يُستعمل دائما قبل فعل ليصبح مفعولا فيه. مثلا "在银行" و"在教室" في "在银行工作" و"在教室上课" هي تراكيب حروف جر تتكون من حرف "在" واسم مكان.

六 练 习   التمرينات

1. 选择适当的动词填空   املأ الفراغات بالأفعال المناسبة

听　　没有　　学习　　看　　有　　叫　　是

(1) ＿＿＿＿＿什么名字　　(2) ＿＿＿＿＿几口人

(3) ＿＿＿＿＿学生　　　　(4) ＿＿＿＿＿汉语

（5）_____ 音乐 （6）_____ 孩子

（7）_____ 电视

2. 用"几"提问，完成下列对话   اطرح أسئلة ب "几" وأكمل الحوارات التالية

（1）A：_____？

B：明天星期四。

A：_____？

B：明天是六月一号。

（2）A：_____？

B：王老师家有四口人。

A：他有孩子吗？

B：他有孩子。

A：_____？

B：他有一个孩子。

3. 看图说句子   كوِّن جملا مفيدة مستعينا بالصور

（1）他们家 _____ 有 _____

（2）在 _____ 酒吧 _____

4. 谈一谈　المحادثة

（1）同学们互相介绍自己的家庭。

يتحدث الزملاء عن أسرهم.

（2）介绍一下儿自己在哪儿学习、学习什么。

حدثنا عن أين وماذا تدرس.

5. 听后复述　استمع وأعد الكلام

小明五岁。他有一个哥哥，哥哥是学生。他爸爸妈妈都工作。小明说（shuō, قال، تكلم），他家有五口人。那一个是谁？是他的猫（māo, قطة）。

6. 语音练习　التمرينات الصوتية

（1）读下列词语：第一声＋第四声　اقرأ الكلمات التالية: النغمة الأولى + النغمة الرابعة

dōu qù	（都去）	gāoxìng	（高兴）
shāngdiàn	（商店）	shēng qì	（生气）
yīnyuè	（音乐）	shēngdiào	（声调）
chī fàn	（吃饭）	bāngzhù	（帮助）
gōngzuò	（工作）	xūyào	（需要）

（2）第三声变调　تغير النغمة الثالثة

08 现在几点
xúnwèn 询问（3）
كم الساعة الآن
طرح السؤال (٣)

一 句子　الجمل

037 现在几点？ كم الساعة الآن؟
Xiànzài jǐ diǎn?

038 现在七点二十五分。
Xiànzài qī diǎn èrshíwǔ fēn.
الآن الساعة السابعة وخمسة وعشرون دقيقة.

039 你几点上课？ متى تحضر الدرس؟
Nǐ jǐ diǎn shàng kè?

040 差一刻八点去。 الساعة الثامنة إلا ربع.
Chà yí kè bā diǎn qù.

041 我去吃饭。 أنا ذاهب لتناول الوجبة.
Wǒ qù chī fàn.

042 我们什么时候去？ متى نذهب؟
Wǒmen shénme shíhou qù?

043 太早了。 هذا مبكر جدا.
Tài zǎo le.

044 我也六点半起床。
Wǒ yě liù diǎn bàn qǐ chuáng.
أنا أيضا أقوم من النوم الساعة السادسة والنصف.

二 会话 الحوار

1

玛丽： 王 兰，现在几点？
Mǎlì: Wáng Lán, xiànzài jǐ diǎn?

王兰： 现在七点二十五分。
Wáng Lán: Xiànzài qī diǎn èrshíwǔ fēn.

玛丽： 你几点上课？
Mǎlì: Nǐ jǐ diǎn shàng kè?

王兰： 八点。
Wáng Lán: Bā diǎn.

玛丽： 你什么时候去教室？
Mǎlì: Nǐ shénme shíhou qù jiàoshì?

王兰： 差一刻八点去。
Wáng Lán: Chà yí kè bā diǎn qù.

玛丽： 现在你去教室吗？
Mǎlì: Xiànzài nǐ qù jiàoshì ma?

王兰： 不去，我去吃饭。
Wáng Lán: Bú qù, wǒ qù chī fàn.

2

刘京： 明天去长城，好吗？
Liú Jīng: Míngtiān qù Chángchéng, hǎo ma?

大卫： 好，什么时候去？
Dàwèi: Hǎo, shénme shíhou qù?

刘京：早上七点。
Liú Jīng: Zǎoshang qī diǎn.

大卫：太早了，七点半吧。你几点起床？
Dàwèi: Tài zǎo le, qī diǎn bàn ba. Nǐ jǐ diǎn qǐ chuáng?

刘京：六点半，你呢？
Liú Jīng: Liù diǎn bàn, nǐ ne?

大卫：我也六点半起床。
Dàwèi: Wǒ yě liù diǎn bàn qǐ chuáng.

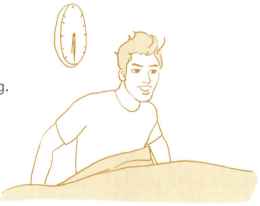

三 替换与扩展

1. 替换

(1) A：现在几点？
　　B：现在 7:25。

10:15	3:45	11:35	12:10
2:30	8:15	2:55	5:20

(2) A：你什么时候去教室？
　　B：差一刻八点。

回家	2:00
去食堂	11:55
来上海	7月28号
去日本	1月25号

（3）我去吃饭。　　　　买花儿　听音乐　打网球
　　　　　　　　　　　　看电影　买水　　睡觉

2. 扩展　التوسيع

（1）现在两点零五分，我去大卫宿舍看他。
　　　Xiànzài liǎng diǎn líng wǔ fēn, wǒ qù Dàwèi sùshè kàn tā.

（2）早上七点一刻吃早饭，中午十二点吃
　　　Zǎoshang qī diǎn yí kè chī zǎofàn, zhōngwǔ shí'èr diǎn chī

　　　午饭，晚上六点半吃晚饭。
　　　wǔfàn, wǎnshang liù diǎn bàn chī wǎnfàn.

四　生词　الكلمات الجديدة

1.	现在	xiànzài	名	الآن
2.	点	diǎn	量	الساعة
3.	分	fēn	量	الدقيقة
4.	差	chà	动	إلا
5.	刻	kè	量	ربع
6.	吃	chī	动	أَكَلَ
7.	饭	fàn	名	وجبة
8.	时候	shíhou	名	وقت، زمن

08 现在几点 كم الساعة الآن

9.	半	bàn	数	نصف
10.	起	qǐ	动	قام، استيقظ
11.	床	chuáng	名	سرير
12.	早上	zǎoshang	名	صباح
13.	吧	ba	助	تُستعمل في نهاية الجملة تعني الطلب من النصيحة أو الاقتراح أو إصدار أمر بسيط.
14.	食堂	shítáng	名	مطعم
15.	花（儿）	huā (r)	名	زهرة
16.	打	dǎ	动	ضَرَبَ
17.	网球	wǎngqiú	名	كرة المضرب
18.	水	shuǐ	名	ماء
19.	睡觉	shuì jiào		نام
20.	早饭	zǎofàn	名	فطور
21.	午饭	wǔfàn	名	غداء
22.	晚饭	wǎnfàn	名	عشاء

专名 أسماء العلم

长城	Chángchéng	سور الصين العظيم

五 语法 القواعد

1. 钟点的读法　　كيفية قراءة الساعة

2:00	两点 liǎng diǎn		
6:05	六点零五分 liù diǎn líng wǔ fēn		
8:15	八点十五分 bā diǎn shíwǔ fēn	八点一刻 bā diǎn yí kè	
10:30	十点三十分 shí diǎn sānshí fēn	十点半 shí diǎn bàn	
11:45	十一点四十五分 shíyī diǎn sìshíwǔ fēn	十一点三刻 shíyī diǎn sān kè	差一刻十二点 chà yí kè shí'èr diǎn
1:50	一点五十分 yī diǎn wǔshí fēn	差十分两点 chà shí fēn liǎng diǎn	

2. 时间词　　أداة الزمان

（1）表示时间的名词或数量词可作主语、谓语、定语。例如：

إن الأسماء أو كلمات الكمية التي تشير إلى الوقت يمكن استعمالها كفاعل أو خبر أو صفة. مثلا:

① 现在八点。（主语）　　　　② 今天五号。（谓语）

③ 他看八点二十的电影。（定语）

④ 晚上的电视很好。（定语）

（2）时间词作状语时，可放在主语之后、谓语之前，也可放在主语之前。例如：

عندما تُستعمل أداة الزمان كمفعول فيه، يمكن وضعها بعد الفاعل وقبل الخبر ويمكن أن تأتي قبل الفاعل. مثلا:

08　现在几点　　كم الساعة الآن

⑤ 我晚上看电视。　　　　　⑥ 晚上我看电视。

（3）作状语的时间词有两个以上时，表示时间长的词在前。例如：

لو كان هناك أكثر من الاثنين من أداة الزمان، فإن الأداة التي تشير إلى وقت أطول تأتي في الأول. مثلا:

⑦ 今天晚上八点二十分我看电影。

（4）时间词与处所词同时作状语时，一般来说时间词在前，处所词在时间词之后。例如：

عندما تستعمل أداة الزمان وأداة المكان معا كمفعول فيه، عادة يجب أن تأتي أداة الزمان قبل أداة المكان. مثلا:

⑧ 她现在在银行工作。

六　练 习　التمرينات

1. 用汉语说出下列时间并选择五个造句

اقرأ الساعة التالية باللغة الصينية واختر خمسا منها واستعملها في جمل مفيدة

| 10:00 | 6:30 | 4:35 | 8:05 | 7:15 |
| 9:25 | 11:45 | 2:55 | 3:20 | 12:10 |

2. 完成对话　أكمل الحوارات التالية

（1）A：你们几点上课？

　　　B：_____。

A：你几点去教室？
B：＿＿＿＿＿＿＿＿＿＿＿＿＿＿＿。现在几点？
A：＿＿＿＿＿＿＿＿＿＿＿＿＿＿＿。

（2）A：＿＿＿＿＿＿＿＿＿＿＿＿＿＿＿？
B：十二点半吃午饭。
A：＿＿＿＿＿＿＿＿＿＿＿＿＿＿＿？
B：我十二点十分去食堂。

3. 按照实际情况回答问题 أجب عن الأسئلة التالية حسب ظروفك

（1）你几点起床？你吃早饭吗？几点吃早饭？
（2）你几点上课？几点下课？几点吃饭？
（3）你几点吃晚饭？几点睡觉？
（4）星期六你几点起床？几点睡觉？

4. 说说你的一天 حدثنا عن يومك

5. 听后复述 استمع وأعد الكلام

今天星期六，我们不上课。小王说，晚上有一个好电影，他和我一起（yìqǐ，معا، سويا）去看，我很高兴。

下午六点我去食堂吃饭，六点半去小王的宿舍，七点我们去看电影。

6. 语音练习　　التمرينات الصوتية

(1) 读下列词语：第一声 + 轻声　　اقرأ الكلمات التالية: النغمة الأولى + النغمة الساكنة

yīfu	（衣服）	xiūxi	（休息）
dōngxi	（东西）	zhīshi	（知识）
chuānghu	（窗户）	tāmen	（他们）
dāozi	（刀子）	bōli	（玻璃）
māma	（妈妈）	zhuōzi	（桌子）

(2) 常用音节练习　　التمارين على المقاطع الصوتية الكثيرة الاستعمال

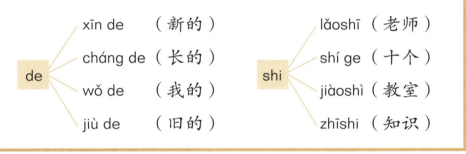

de
- xīn de （新的）
- cháng de （长的）
- wǒ de （我的）
- jiù de （旧的）

shi
- lǎoshī （老师）
- shí ge （十个）
- jiàoshì （教室）
- zhīshi （知识）

09 你住在哪儿

xúnwèn
询问（4）
طرح السؤال (٤)

أين تسكن

一 句子　الجمل

045　你 住 在 哪 儿？　أين تسكن؟
　　　Nǐ zhù zài nǎr?

046　我 住 在 留 学 生 宿 舍。
　　　Wǒ zhù zài liúxuéshēng sùshè.
　　　أسكن في سكن جامعي.

047　多 少 号 房 间？　① ②　ما رقم غرفتك؟
　　　Duōshao hào fángjiān?

048　你 家 在 哪 儿？　أين بيتك؟
　　　Nǐ jiā zài nǎr?

049　欢 迎 你 去 玩 儿。　مرحبا بك للزيارة.
　　　Huānyíng nǐ qù wánr.

050　她 常 去。　هي تذهب إلى هناك دائما.
　　　Tā cháng qù.

051　我 们 一 起 去 吧。　لنذهب معا.
　　　Wǒmen yìqǐ qù ba.

052　那 太 好 了！　③　جيد جدا!
　　　Nà tài hǎo le!

09 你住在哪儿 | أين تسكن

二 会 话 الحوار

1

刘京: 你 住 在 哪儿?
Liú Jīng: Nǐ zhù zài nǎr?

大卫: 我 住 在 留学生 宿舍。
Dàwèi: Wǒ zhù zài liúxuéshēng sùshè.

刘京: 几 号 楼?①
Liú Jīng: Jǐ hào lóu?

大卫: 九 号 楼。
Dàwèi: Jiǔ hào lóu.

刘京: 多 少 号 房 间?
Liú Jīng: Duōshao hào fángjiān?

大卫: 308 房 间。② 你 家 在 哪儿?
Dàwèi: Sān líng bā fángjiān. Nǐ jiā zài nǎr?

刘京: 我 家 在 学 院 路 25 号,欢 迎 你 去 玩儿。
Liú Jīng: Wǒ jiā zài Xuéyuàn Lù èrshíwǔ hào, huānyíng nǐ qù wánr.

大卫: 谢谢!
Dàwèi: Xièxie!

2

大卫: 张 丽 英 家 在 哪儿?
Dàwèi: Zhāng Lìyīng jiā zài nǎr?

玛丽: 我 不 知 道。王 兰 知 道。她 常 去。
Mǎlì: Wǒ bù zhīdao. Wáng Lán zhīdao. Tā cháng qù.

大卫: 好,我 去 问 她。
Dàwèi: Hǎo, wǒ qù wèn tā.

3

大卫: 王兰, 张丽英家在哪儿?
Dàwèi: Wáng Lán, Zhāng Lìyīng jiā zài nǎr?

王兰: 清华大学旁边。你去她家吗?
Wáng Lán: Qīnghuá Dàxué pángbiān. Nǐ qù tā jiā ma?

大卫: 对, 明天我去她家。
Dàwèi: Duì, míngtiān wǒ qù tā jiā.

王兰: 你不认识路,
Wáng Lán: Nǐ bú rènshi lù,

我们一起去吧。
wǒmen yìqǐ qù ba.

大卫: 那太好了!
Dàwèi: Nà tài hǎo le!

注释 الملاحظات

❶ 多少号房间? ما رقم غرفتك؟
  几号楼? ما رقم العمارة؟

  这两句中的"几"和"多少"都是用来询问数目的。估计数目在10以下, 一般用"几", 10以上用"多少"。

  تُستعمل "几" و"多少" في هذه الجمل للسؤال عن العدد. لو كان العدد أقل من عشرة، تستعمل عادة "几"، ولو كان العدد أكثر من عشرة، تستعمل "多少".

❷ 多少号房间? ما رقم غرفتك؟
  308房间。 الغرفة 308.

  "号"用在数字后面表示顺序, 一般不省略。例如:

  تستعمل كلمة "号" بعد الرقم للإشارة الى الترتيب. عادة لا يجوز حذفها. مثلا:

  9号楼　　　　23号房间

如果数字是三位或三位以上，一般省略"号"，而且按字面读数字。例如：
لو كان العدد مكونا من ثلاثة أرقام، يجب حذف "号". وكيفية القراءة قراءة الأرقام حرفيا. مثلا:

303 医院　　　　　　　　2032 房间

③ 那太好了！ جيد جدا!

这里的"那"，意思是"那样的话"。"太好了"是表示满意、赞叹的用语。"太"在这里表示程度极高。

تعني "那" "لو كان الأمر كذلك". "太好了" تشير إلى الرضا وتقدير. "太" تدل على درجة عالية.

三　替换与扩展 التبديل والتوسيع

1. 替换 التبديل

(1) A：你住在哪儿？
　　B：我住在<u>留学生宿舍</u>。

9号楼308房间	
5号楼204房间	
上海	北京饭店

(2) 欢迎你<u>去玩儿</u>。

| 来我家玩儿 | 来北京工作 |
| 来语言大学学习 | |

(3) 她常去<u>张丽英家</u>。

| 那个公园 | 那个邮局 |
| 留学生宿舍 | 我们学校 |

2. 扩展 التوسيع

A：你 去 哪儿？
　　Nǐ qù nǎr?

B：我 去 找 王 老师。他 住 在 学院 路 15 号，
　　Wǒ qù zhǎo Wáng lǎoshī. Tā zhù zài Xuéyuàn Lù shíwǔ hào,

　　6 号 楼 2 层。
　　liù hào lóu èr céng.

四 生词 الكلمات الجديدة

1.	住	zhù	动	سَكَنَ
2.	多少	duōshao	代	كم
3.	号	hào	量	رقم
4.	房间	fángjiān	名	غرفة
5.	欢迎	huānyíng	动	مرحبا
6.	玩儿	wánr	动	لَعِبَ
7.	常（常）	cháng (cháng)	副	دائما
8.	一起	yìqǐ	副	معا، سويا
9.	楼	lóu	名	عمارة، بناية
10.	路	lù	名	شارع، طريق
11.	知道	zhīdao	动	عَرَفَ
12.	问	wèn	动	سَأَلَ
13.	旁边	pángbiān	名	بجانب، بجوار

14.	对	duì	形/介/动	مقابل
15.	公园	gōngyuán	名	حديقة
16.	邮局	yóujú	名	مكتب البريد
17.	学校	xuéxiào	名	مدرسة
18.	找	zhǎo	动	بحثَ عن
19.	层	céng	量	طابق

专名 أسماء العلم

1.	学院路	Xuéyuàn Lù	شارع شيوييوان
2.	清华大学	Qīnghuá Dàxué	جامعة تسينغهوا
3.	上海	Shànghǎi	شانغهاي
4.	北京饭店	Běijīng Fàndiàn	فندق بكين
5.	北京	Běijīng	بكين

五 语法 القواعد

1. 连动句 جملة فيها عدة أفعال

在动词谓语句中，几个动词或动词短语连用，且有同一主语，这样的句子叫连动句。例如：

هي جملة فيها عدة أفعال أو مركبات فعلية، تشارك هذه الأفعال الفاعل نفسه. مثلا:

① 下午我去他家看他。　② 王林常去看电影。
③ 星期天大卫来我家玩儿。　④ 我去他宿舍看他。

2. 状语　الحال

动词、形容词前面的修饰成分叫状语。副词、形容词、时间词、介词结构等都可作状语。例如：

هو يأتي قبل الفعل أو الصفة يُستعمل للتوضيح. يمكن للأداة أو النعت أو أداة الزمان أو حرف جر أن تعمل عمل الحال. مثلا:

① 她常去我家玩儿。　　② 你们快来。
③ 我们上午去。　　　　④ 他姐姐在银行工作。

六 练习　التمرينات

1. 熟读下列词语并选择几个造句　اقرأ العبارات التالية واستعملها في جمل مفيدة

2. 按照实际情况回答问题　أجب عن الأسئلة التالية حسب ظروفك

(1) 你家在哪儿？你的宿舍在哪儿？

(2) 你住在几号楼？多少号房间？

(3) 星期天你常去哪儿？晚上你常做什么？

3. 用下列词语造句　استعمل الكلمات التالية في جمل مفيدة

例 أمثلة　家　在 → 王老师的家在北京大学。

09 你住在哪儿 | أين تسكن

（1）商店　在 ➡ _____

（2）谁　　认识 ➡ _____

（3）一起　听 ➡ _____

4. 谈一谈　المحادثة

介绍一下儿你的一个朋友。

قدمْ لنا صديقا لك.

提示：他住在哪儿，在哪儿学习或工作，等等。

الاقتراح: أين يسكن، أين يدرس أو يعمل، إلخ.

5. 语音练习　التمرينات الصوتية

（1）读下列词语：第二声 + 第一声 اقرأ الكلمات التالية: النغمة الثانية + النغمة الأولى

míngtiān （明天）	zuótiān （昨天）
jié hūn （结婚）	fángjiān （房间）
máoyī （毛衣）	pángbiān （旁边）
qiántiān （前天）	shíjiān （时间）
hóng huār（红花儿）	huí jiā （回家）

（2）常用音节练习　التمارين على المقاطع الصوتية الكثيرة الاستعمال

xúnwèn 询问（5）
طرح السؤال (٥)

10 邮局在哪儿
أين مكتب البريد

一 句子　الجمل

053
八号楼在邮局旁边。
Bā hào lóu zài yóujú pángbiān.
تقع عمارة 8 بجانب مكتب البريد.

054
去八号楼怎么走？
Qù bā hào lóu zěnme zǒu?
كيف أصل إلى عمارة 8؟

055
那个楼就是八号楼。
Nàge lóu jiù shì bā hào lóu.
تلك العمارة هي عمارة 8.

056
请问，邮局在哪儿？①
Qǐngwèn, yóujú zài nǎr?
لو سمحت، أين مكتب البريد؟

057
往前走就是邮局。
Wǎng qián zǒu jiù shì yóujú.
امش على طول وستجد مكتب البريد.

058
邮局离这儿远不远？
Yóujú lí zhèr yuǎn bu yuǎn?
هل مكتب البريد بعيد؟

10 邮局在哪儿 أين مكتب البريد

059 | 百货大楼在什么地方？
Bǎihuò Dàlóu zài shénme dìfang?
أين مبنى تجاري؟

060 | 在哪儿坐车？ أين محطة الباص؟
Zài nǎr zuò chē?

二 会 话 الحوار

1

A: 请问，八号楼在哪儿？
   Qǐngwèn, bā hào lóu zài nǎr?

刘京：在邮局旁边。
Liú Jīng: Zài yóujú pángbiān.

A: 去八号楼怎么走？
   Qù bā hào lóu zěnme zǒu?

刘京：你看，那个楼就是②。
Liú Jīng: Nǐ kàn, nàge lóu jiù shì.

2

和子：请问，邮局在哪儿？
Hézǐ: Qǐngwèn, yóujú zài nǎr?

B: 往 前走就是邮局。
   Wǎng qián zǒu jiù shì yóujú.

和子：离这儿远不远？
Hézǐ: Lí zhèr yuǎn bu yuǎn?

B: 不太远。就在银行前边。②
   Bú tài yuǎn. Jiù zài yínháng qiánbian.

3

玛丽：请问，百货大楼在什么地方？
Mǎlì: Qǐngwèn, Bǎihuò Dàlóu zài shénme dìfang?

C：在王府井。
Zài Wángfǔjǐng.

玛丽：离天安门远不远？
Mǎlì: Lí Tiān'ānmén yuǎn bu yuǎn?

C：不远。您怎么去？
Bù yuǎn. Nín zěnme qù?

玛丽：坐公交车。请问
Mǎlì: Zuò gōngjiāochē. Qǐngwèn

在哪儿坐车？
zài nǎr zuò chē?

C：就在那儿。②
Jiù zài nàr.

玛丽：谢谢！
Mǎlì: Xièxie!

注释　الملاحظات

① 请问，邮局在哪儿？　لو سمحت، أين مكتب البريد؟

"请问"是向别人提问时的客套语。一定要用在提出问题之前。

"请问" (هل يمكن أن تخبرني...) عبارة مؤدبة تُستخدم عند طرح سؤال وتأتي قبل السؤال.

② 那个楼就是。　ها هي العمارة.
就在银行前边。　هي أمام البنك.
就在那儿。　هي هناك.

这三句中的副词"就"都是用来加强肯定语气的。
تُستخدم كلمة "就" في هذه الجمل الثلاث للتوكيد.

三 替换与扩展 التبديل والتوسيع

1. 替换 التبديل

（1）A：八号楼在哪儿？
　　 B：在邮局旁边。

留学生食堂西边
那个楼南边
他的宿舍楼北边
操场东边

（2）邮局离这儿远不远？

他家　　　北京语言大学
北京饭店　这儿
食堂　　　宿舍

（3）在哪儿坐车？

学习汉语　工作
吃饭　　　休息
买电脑

2. 扩展 التوسيع

他爸爸在商店工作。那个商店离他家
Tā bàba zài shāngdiàn gōngzuò. Nàge shāngdiàn lí tā jiā
很近。他爸爸早上七点半去工作，下午五
hěn jìn. Tā bàba zǎoshang qī diǎn bàn qù gōngzuò, xiàwǔ wǔ
点半回家。
diǎn bàn huí jiā.

四 生词 الكلمات الجديدة

1.	怎么	zěnme	代	كيف
2.	走	zǒu	动	ذهب
3.	就	jiù	副	تُستخدم للتوكيد
4.	请问	qǐngwèn	动	لو سمحت (هل يمكن أن تخبرني...)
5.	往	wǎng	介/动	إلى، نحو اتجاه
6.	前	qián	名	أمامي
7.	离	lí	动	بَعُدَ
8.	这儿	zhèr	代	هنا
9.	远	yuǎn	形	بعيد
10.	地方	dìfang	名	مكان
11.	坐	zuò	动	جلس
12.	车	chē	名	سيارة
13.	前边	qiánbian	名	في الأمام
14.	公交车	gōngjiāochē	名	الباص
15.	那儿	nàr	代	هناك
16.	西边	xībian	名	غرب
17.	南边	nánbian	名	جنوب
18.	北边	běibian	名	شمال
19.	操场	cāochǎng	名	ملعب
20.	东边	dōngbian	名	شرق

| 21. | 近 | jìn | 形 | قريب |

专名 أسماء العلم

1.	百货大楼	Bǎihuò Dàlóu	مبنى تجاري
2.	王府井	Wángfǔjǐng	شارع وانغفوجينغ
3.	天安门	Tiān'ānmén	ساحة تيانانمن

五 语法 القواعد

1. 方位词 الاتجاهات

"旁边""前边"等都是方位词。方位词是名词的一种，可以作主语、宾语、定语等句子成分。方位词作定语时，一般要用"的"与中心语连接。例如：东边的房间、前边的商店。

كلمات مثل "旁边" "前边" وغيرها من كلمات الاتجاهات، وهي نوع من أنواع الأسماء في اللغة الصينية. يمكن استخدامها كالفاعل والمفعول به والصفة. عندما تُستخدم كلمة الاتجاهات كالصفة، يجب ربطها والكلمة الرئيسية في الجملة بـ "的". مثلا: "东边的房间" (الغرفة في الجهة الشرقية)، "前边的商店" (المحل في الأمام).

2. 正反疑问句 جملة استفهامية للتخيير

将谓语中的动词或形容词的肯定式和否定式并列，就构成了正反疑问句。例如：

جملة استفهامية للتخيير هي جملة توجد فيها الصيغة المثبتة والمنفية معا للفعل أو الصفة. مثلا:

① 你今天来不来？   ② 这个电影好不好？
③ 这是不是你们的教室？   ④ 王府井离这儿远不远？

六 练习 التمرينات

1. 选词填空 املأ الفراغات بالكلمات المناسبة

去　　在　　离　　回　　买　　往

（1）八号楼＿＿＿＿＿九号楼不太远。

（2）食堂＿＿＿＿＿宿舍旁边。

（3）邮局很近，＿＿＿＿＿前走就是。

（4）今天晚上我不学习，＿＿＿＿＿家看电视。

（5）我们＿＿＿＿＿宿舍休息一下儿吧。

（6）这本（běn, كلمة الكمية للكتاب）书很好，你＿＿＿＿＿不＿＿＿＿＿？

2. 判断正误 حدد ما إذا كانت هذه الجمل صحيحة أم لا

（1）我哥哥在学校工作。　　　　　　　　（　）
　　 我哥哥工作在学校。　　　　　　　　（　）

（2）操场宿舍很近。　　　　　　　　　　（　）
　　 操场离宿舍很近。　　　　　　　　　（　）

（3）我在食堂吃早饭。　　　　　　　　　（　）
　　 我吃早饭在食堂。　　　　　　　　　（　）

（4）他去银行早上八点半。　　　　　　　（　）
　　 他早上八点半去银行。　　　　　　　（　）

3. 看图说句子   كوّن جملا مفيدة مستعينا بالصور

4. 听后复述   استمع وأعد الكلام

咖啡馆（kāfēiguǎn, مقهى）离宿舍不远，我常去那儿买咖啡（kāfēi, قهوة）、看书。书店在银行旁边。那个书店很大，书很多，我常去那儿买书。

5. 语音练习   التمرينات الصوتية

（1）读下列词语：第二声 + 第二声　اقرأ الكلمات التالية: النغمة الثانية + النغمة الثانية		
liú xué （留学）	yínháng （银行）
zhíyuán （职员）	xuéxí （学习）
shítáng （食堂）	huídá （回答）
tóngxué （同学）	rénmín （人民）
wénmíng （文明）	értóng （儿童）

（2）常用音节练习　التمارين على المقاطع الصوتية الكثيرة الاستعمال

（3）朗读会话　اقرأ الحوار التالي

A: Qǐngwèn, Běijīng Dàxué zài nǎr?

B: Zài Qīnghuá Dàxué xībian.

A: Qīnghuá Dàxué dōngbian shì Yǔyán Dàxué ma?

B: Duì. Zhèr yǒu hěn duō dàxué. Yǔyán Dàxué nánbian hái yǒu hǎojǐ（عديد）ge dàxué.

A: Cóng zhèr wǎng běi zǒu, dàxué bù duō le, shì bu shì?

B: Shì de.

复习（二）
المراجعة (٢)

一　会　话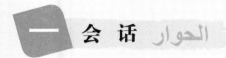

1

王：小卫（Xiǎo Wèi, شياو وي），我们什么时候去小李家？

卫：星期天，好吗？

王：好。他家在上海饭店（Shànghǎi Fàndiàn, فندق شانغهاي）旁边吧？

卫：他搬家（bān jiā, انتقل）了，现在在中华路（Zhōnghuá Lù, شارع تشونغهوا）38号。你认识那个地方吗？

王：不认识，问一下儿小马吧。

2

卫：小马，中华路在什么地方？你知道吗？

马：中华路离我奶奶（nǎinai, جدة）家很近。你们去那儿做什么？

王：看一个朋友。那儿离这儿远吗？

马：不太远。星期天我去奶奶家，你们和我一起去吧。

3

王：小马，你奶奶不和你们住在一起吗？

马：不住在一起。奶奶一个人住，我和爸爸妈妈常去看她。

卫：你奶奶身体好吗？

马：身体很好。她今年六十七岁了。前边就是我奶奶家，你们去坐一会儿（yíhuìr, بعض الوقت）吧！

王：十点了，我们不去了。

马：再见！

卫、王：再见！

二 语 法 القواعد

句子的主要成分 الأجزاء الرئيسية للجمل

1. 主语和谓语 الفاعل والخبر

句子一般可分为主语和谓语两大部分。主语一般在谓语之前。例如：

تتكون جملة عادة من الفاعل والخبر، ودائما يأتي الفاعل قبل الخبر. مثلا:

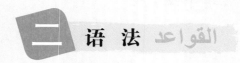

① 你好！　　　　② 我去商店。

如果语言环境清楚，主语或谓语可省略。例如：

إذا كان معنى الجملة واضح حسب السياق، يمكن حذف الفاعل أو الخبر. مثلا:

③ A：你好吗？　　　④ A：谁是学生？

　B：（我）很好。　　B：他（是学生）。

2. 宾语　المفعول به

宾语是动词的连带成分，一般在动词后边。例如：
المفعول به مرتبط بالفعل ودائما يأتي بعد الفعل. مثلا:

① 我认识他。　　② 他有一个哥哥。
③ 他是学生。

3. 定语　الصفة

定语一般都修饰名词。定语和中心语之间有时用结构助词"的"，例如：王兰的朋友；有时不用，例如：我姐姐、好朋友（见第 5 课语法 2）。

تُستخدم الصفة عادة لوصف الأسماء. أحيانا تأتي كلمة "的" بين الصفة والموصوف، مثلا: "王兰的朋友" (صديق وانغ يو لان)، لكن هذا ليس إلزاميا، مثلا: "我姐姐" (أختي الكبيرة) و"好朋友" (صديق مقرب) (أنظر: القواعد ٢ في الدرس الخامس).

4. 状语　التوابع الظرفية

状语是用来修饰动词和形容词的。一般要放在中心语的前边。例如：
تستخدم التوابع الظرفية لوصف الفعل أو الصفة. عادة تأتي قبل الكلمة الرئيسية في الجملة. مثلا:

① 我很好。　　② 他们都来。
③ 他在家看电视。

三　练习　التمرينات

1. 回答问题　أجب على الأسئلة التالية

（1）一年有几个月？一个月有几个星期？一个星期有几天（tiān, يوم）？

（2）今天几月几号？明天星期几？星期天是几月几号？

（3）你家有几口人？他们是谁？你妈妈工作不工作？你住在哪儿？你家离学校远不远？

2. 用下面的句子练习会话 حاول إجراء حوار باستخدام الجمل التالية

（1）问候　التحية

> 你好！　　　　　你早！　　　　　你……身体好吗？
> 你好吗？　　　　早上好！　　　　他好吗？
> 你身体好吗？　　你工作忙不忙？

（2）相识、介绍　التعارف

> 您贵姓？　　　　他姓什么？　　　我介绍一下儿。
> 你叫什么名字？　他是谁？　　　　我叫……。
> 你是——　　　　　　　　　　　　我是……。
> 　　　　　　　　　　　　　　　　这是……。
> 　　　　　　　　　　　　　　　　认识你很高兴。

（3）询问　طرح سؤال

A. 问时间　السؤال عن الوقت　　　B. 问路　السؤال عن الطريق

> ……几月几号星期几？　　　　……去哪儿？
> ……几点？　　　　　　　　　去……怎么走？
> 你的生日……？　　　　　　　……离这儿远吗？
> 你几点……？
> 你什么时候……？

C. 问住址　　السؤال عن العنوان   D. 问家庭　　السؤال عن أحوال الأسرة

你家在哪儿？

你住在哪儿？

你住在多少号房间？

你家有几口人？

你家有什么人？

你家有谁？

你有……吗？

你……做什么工作？

3. 语音练习　التمرينات الصوتية

（1）声调练习：第二声+第二声　التمرينات على النغمات: النغمة الثانية + النغمة الثانية

　　tóngxué　　（同学）

　　nán tóngxué　　（男同学）

　　nán tóngxué lái　　（男同学来）

　　nán tóngxué lái wánr　　（男同学来玩儿）

（2）朗读会话　اقرأ الحوار التالي

　　A: Yóujú lí zhèr yuǎn ma?

　　B: Bú tài yuǎn, jiù zài nàr.

　　A: Nàge yóujú dà bu dà?

　　B: Hěn dà. Nǐ jì dōngxi ma?

　　A: Duì, hái mǎi míngxìnpiàn (بطاقة بريدية).

四 阅读短文 اقرأ المقالة التالية

张丽英家有四口人：爸爸、妈妈、姐姐和她。

她爸爸是大夫，五十七岁了，身体很好。他工作很忙，星期天常常不休息。

她妈妈是银行职员，今年五十五岁。

她姐姐是老师，今年二月结婚了。她姐姐不住在爸爸妈妈家。

昨天是星期五，下午没有课。我们去她家了。她家在北京饭店旁边。我们到（dào, وصل）她家的时候，她爸爸妈妈不在家。我们和她一起聊天儿（liáo tiānr, تحدث، دردش）、听音乐、看电视……

五点半张丽英的爸爸妈妈回家了。她姐姐也来了。我们在她家吃晚饭。晚上八点半我们就回学校了。

11 我要买橘子

أريد أن أشتري بعض البرتقال

xūyào
需要（1）
الحاجات (١)

一 句子 الجمل

061 | 您 买 什 么？ ماذا تريد أن تشتري؟
Nín mǎi shénme?

062 | 苹果 多少 钱 一 斤？① كم سعر التفاح كل جين؟
Píngguǒ duōshao qián yì jīn?

063 | 七块五（毛）② 一 斤。 سبعة يوان وخمسة (ماو) كل جين.
Qī kuài wǔ (máo) yì jīn.

064 | 您 要 多 少？ كم تريد؟
Nín yào duōshao?

065 | 您 还 要 别 的 吗？ هل تريد شيئا آخر؟
Nín hái yào bié de ma?

066 | 不 要 了。 لا شيء آخر.
Bú yào le.

067 | 我 要 买 橘子。 أريد أن أشتري بعض البرتقال.
Wǒ yào mǎi júzi.

068 | 您 尝 尝。 تفضل، تذوق.
Nín chángchang.

二 会话 الحوار

1

售货员: 您 要 什 么?
Shòuhuòyuán: Nín yào shénme?

大卫: 我 要 苹 果。多 少 钱 一 斤?
Dàwèi: Wǒ yào píngguǒ. Duōshao qián yì jīn?

售货员: 七 块 五(毛)。
Shòuhuòyuán: Qī kuài wǔ (máo).

大卫: 那 种 呢?
Dàwèi: Nà zhǒng ne?

售货员: 九 块 六。
Shòuhuòyuán: Jiǔ kuài liù.

大卫: 要 这 种 吧。
Dàwèi: Yào zhè zhǒng ba.

售货员: 要 多 少?
Shòuhuòyuán: Yào duōshao?

大卫: 两 斤。
Dàwèi: Liǎng jīn.

售货员: 还 要 别 的 吗?
Shòuhuòyuán: Hái yào bié de ma?

大卫: 不 要 了。
Dàwèi: Bú yào le.

售货员: 您 怎 么 付?
Shòuhuòyuán: Nín zěnme fù?

大卫: 微 信 吧。
Dàwèi: Wēixìn ba.

2

售货员： 您要买什么？
Shòuhuòyuán: Nín yào mǎi shénme?

玛丽： 我要买橘子。一斤多少钱？①
Mǎlì: Wǒ yào mǎi júzi. Yì jīn duōshao qián?

售货员： 九块八。
Shòuhuòyuán: Jiǔ kuài bā.

玛丽： 太贵了。
Mǎlì: Tài guì le.

售货员： 那种便宜。
Shòuhuòyuán: Nà zhǒng piányi.

玛丽： 那种好不好？
Mǎlì: Nà zhǒng hǎo bu hǎo?

售货员： 您尝尝。
Shòuhuòyuán: Nín chángchang.

玛丽： 好，我要五个。
Mǎlì: Hǎo, wǒ yào wǔ ge.

售货员： 这是一斤半，十一块四。还买别
Shòuhuòyuán: Zhè shì yì jīn bàn, shíyī kuài sì. Hái mǎi bié

的吗？
de ma?

玛丽： 不要了。
Mǎlì: Bú yào le.

注释 الملاحظات

❶ 苹果多少钱一斤？ كم سعر التفاح كل جين؟
（橘子）一斤多少钱？ كم سعر (البرتقال) كل جين؟

这两句的意思相同，都是询问一斤的价钱。只是前句侧重"多少钱"能买一斤，后句侧重"一斤"需要多少钱。

هاتان الجملتان كلاهما سؤال عن السعر لكل جين لذلك لهما نفس المعنى. غير أن الجملة الأولى تركز على "多少钱" (السعر) بينما تركز الجملة الثانية على "一斤" (الوزن).

❷ 七块五（毛）。 سبعة يوان وخمسة (ماو).

人民币的计算单位是"元、角、分"，口语里常用"块、毛、分"，都是十进位。处于最后一位的"毛"或"分"可以省略不说。例如：

وحدات العملة الصينية الأساسية تدعى "元" و"角" و"分"، وتتبع نظام عد عشري. تنطق هذه الوحدات في الكلام اليومي "块" و"毛" و"分". يمكن حذف "毛" و"分" عندما تأتي في آخر الجملة. مثلا:

1.30元 → 一块三   2.85元 → 两块八毛五

三 替换与扩展 التبديل والتوسيع

1. 替换 التبديل

（1）A：您<u>买</u>什么？
　　 B：我<u>买 苹果</u>。

看	汉语书
喝	（可口）可乐
听	录音
学习	汉语

11 我要买橘子 | اريد أن أشتري بعض البرتقال

（2）您尝尝。 ▶◀ | 看　听　问 |

（3）我要买橘子。 ▶◀ | 看电视　吃苹果　喝水
上网　发电子邮件 |

2. 扩展　التوسيع

（1）我　常　去　百货　大　楼　买　东西。那　儿　的
　　　Wǒ cháng qù Bǎihuò Dàlóu mǎi dōngxi. Nàr　de

　　东　西　很　多，也　很　便宜。
　　dōngxi hěn duō, yě hěn piányi.

（2）A：你要喝什么？
　　　　Nǐ yào hē shénme?

　　 B：有可乐吗？
　　　　Yǒu kělè ma?

　　 A：有。
　　　　Yǒu.

　　 B：要　两　瓶　吧。
　　　　Yào liǎng píng ba.

四　生词　الكلمات الجديدة

1.	苹果	píngguǒ	名	تفاح
2.	钱	qián	名	مال
3.	斤	jīn	量	جين (وحدة القياس)

4.	块（元）	kuài (yuán)	量	يوان (وحدة العملة الصينية)
5.	毛（角）	máo (jiǎo)	量	ماو (وحدة العملة الصينية)
6.	要	yào	动/能愿	أراد
7.	还	hái	副	ما زال
8.	别的	bié de		آخر، غير
9.	橘子	júzi	名	برتقال
10.	尝	cháng	动	تذوق
11.	售货员	shòuhuòyuán	名	عامل في المحل
12.	种	zhǒng	量	صنف، نوع
13.	付	fù	动	دفع
14.	贵	guì	形	غالٍ
15.	便宜	piányi	形	رخيص
16.	喝	hē	动	شرب
17.	录音	lùyīn	名	تسجيل الصوت
18.	发	fā	动	أرسل، بعث
19.	电子邮件	diànzǐ yóujiàn		البريد الإلكتروني
20.	多	duō	形	كثير
21.	瓶	píng	名	زجاجة

专名 أسماء العلم

	（可口）可乐	(Kěkǒu-) kělè	كوكاكولا

11 我要买橘子   أريد أن أشتري بعض البرتقال

五 语法   القواعد

1. 语气助词"了"（1）   أداة صيغة "了" (١)

语气助词"了"有时表示情况有了变化。例如：

تشير أداة صيغة "了" إلى أن الحال قد تغيرت. مثلا:

> ① 这个月我不忙了。（以前很忙）
>
> ② 现在他有工作了。（以前没有工作）

2. 动词重叠   تكرار الأفعال

汉语中某些动词可以重叠。动词重叠表示动作经历的时间短促或轻松、随便；有时也表示尝试。单音节动词重叠的形式是"AA"，例如：看看、听听、尝尝；双音节动词重叠的形式是"ABAB"，例如：休息休息、介绍介绍。

في اللغة الصينية بعض الأفعال التي يمكن تكريرها للإشارة إلى مدة قصيرة أو سهولة الأفعال، وأحيانا تعني هذه الصيغة محاولة تجريب شيء ما. تكون صيغة التكرار لفعل مقطع واحد "AA"، مثلا: "看看" "听听" "尝尝"، بينما صيغة التكرار لفعل المقطعين "ABAB"، مثلا: "休息休息" "介绍介绍".

六 练习   التمرينات

1. 用汉语读出下列钱数   اقرأ هذه الأسعار باللغة الصينية

6.54元	10.05元	2.30元	8.20元	42.52元
1.32元	9.06元	57.04元	100元	24.90元

2. 用动词的重叠式造句　كوّن جملا مفيدة باستخدام صيغة تكرار الأفعال

例 أمثلة　问 → 问问老师，明天上课吗？

介绍　　看　　听　　学习　　休息　　玩儿

3. 给括号中的词语选择适当的位置　ضع الكلمات بين القوسين في المكان المناسب

（1）我姐姐不去 A 书店 B。（了）

（2）他明天不来 A 上课 B。（了）

（3）您还 A 要 B 吗？（别的）

（4）这是两 A1 斤 B1，还 A2 买 B2 吗？（半，别的）

4. 完成对话　أكمل الحوارات التالية

（1）A：_____？

　　　B：一瓶可乐三块五毛钱。

（2）A：您买什么？

　　　B：_____。

　　　A：您要多少？

　　　B：_____。一斤橘子多少钱？

　　　A：_____。还要别的吗？

　　　B：_____。

5. 听后复述　استمع وأعد الكلام

我买汉语书，不知道去哪儿买。今天我问王兰，她说新华书店（Xīnhuá Shūdiàn, محل الكتب شينخوا）有，那儿的汉语书很多。明天下午我去看看。

6. 语音练习　　التمرينات الصوتية

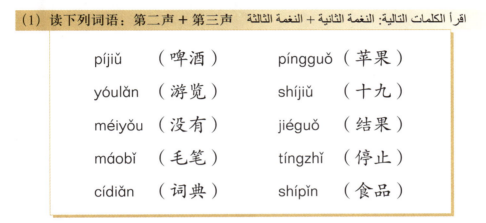

12 我想买毛衣

xūyào
需要（2）
الحاجات (٢)

أريد أن أشتري كنزة

一 句子 الجمل

069 天 冷 了。 أصبح الجو باردا.
Tiān lěng le.

070 我 想 买 件 毛 衣。① أريد أن أشتري كنزة.
Wǒ xiǎng mǎi jiàn máoyī.

071 星 期 天 去， 怎 么 样？
Xīngqītiān qù, zěnmeyàng?
ما رأيك أن نذهب يوم الأحد؟

072 星 期 天 人 太 多。 هناك مزدحم جدا يوم الأحد.
Xīngqītiān rén tài duō.

073 我 看 看 那 件 毛 衣。
Wǒ kànkan nà jiàn máoyī.
أريد أن ألقي نظرة على تلك الكنزة.

074 这 件 毛 衣 我 可 以 试 试 吗？
Zhè jiàn máoyī wǒ kěyǐ shìshi ma?
هل يمكنني أن أجرب هذه الكنزة؟

075 这 件 毛 衣 不 大 也 不 小。
Zhè jiàn máoyī bú dà yě bù xiǎo.
مقاس هذه الكنزة مناسب.

076 好 极 了！② ممتاز!
Hǎojí le!

12 我想买毛衣 اريد أن أشتري كنزة

二 会 话 الحوار

1

大卫：天冷了。我想买件毛衣。
Dàwèi: Tiān lěng le. Wǒ xiǎng mǎi jiàn máoyī.

玛丽：我也要买东西。我们什么时候去？
Mǎlì: Wǒ yě yào mǎi dōngxi. Wǒmen shénme shíhou qù?

大卫：星期天去，怎么样？
Dàwèi: Xīngqītiān qù, zěnmeyàng?

玛丽：星期天人太多。
Mǎlì: Xīngqītiān rén tài duō.

大卫：那明天下午去吧。
Dàwèi: Nà míngtiān xiàwǔ qù ba.

玛丽：好。我们怎么去？
Mǎlì: Hǎo. Wǒmen zěnme qù?

大卫：坐公交车吧。
Dàwèi: Zuò gōngjiāochē ba.

2

大卫：小姐，我看看那件毛衣。
Dàwèi: Xiǎojiě, wǒ kànkan nà jiàn máoyī.

售货员：好。
Shòuhuòyuán: Hǎo.

大卫：我可以试试吗？
Dàwèi: Wǒ kěyǐ shìshi ma?

售货员：您试一下儿吧。
Shòuhuòyuán: Nín shì yíxiàr ba.

玛丽: 这件太短了。③
Mǎlì: Zhè jiàn tài duǎn le.

售货员: 您试试那件。
Shòuhuòyuán: Nín shìshi nà jiàn.

大卫: 好，我再试一下儿。
Dàwèi: Hǎo, wǒ zài shì yíxiàr.

玛丽: 这件不大也不小。
Mǎlì: Zhè jiàn bú dà yě bù xiǎo.

大卫: 好极了，我就买这件。
Dàwèi: Hǎojí le, wǒ jiù mǎi zhè jiàn.

注释　الملاحظات

❶ 我想买件毛衣。 أريد أن أشتري كنزة.

量词前的数词"一"如不在句首，可以省略。所以"买一件毛衣"可以说成"买件毛衣"。

يمكن حذف العدد "一" الذي يأتي قبل كلمة الكمية بشرط ألا يكون في بداية الجملة. لذلك يمكن أن نقول "买件毛衣" بدلا من "买一件毛衣".

❷ 好极了！ ممتاز!

"极了"用在形容词或某些状态动词后，表示达到最高程度。例如：累极了、高兴极了、喜欢（xǐhuan）极了。

تستخدم "极了" بعد بعض الصفات أو الأفعال الخبرية للإشارة إلى بلوغ أعلى درجة. مثلا: "累极了" "高兴极了" "喜欢(أعجب ب، أحبَّ)极了".

❸ 这件太短了。 هذا قصير جدا.

句中省略了中心语"毛衣"。在语言环境清楚时，中心语可以省略。

حُذف في هذه الجملة الكلمة الرئيسية "毛衣". إذا كان معنى الجملة واضح حسب السياق، يمكن حذف الكلمة الرئيسية.

三 替换与扩展 التبديل والتوسيع

1. 替换 التبديل

（1）我想买毛衣。

| 学习汉语 | 看电影 |
| 发微信 | 喝水 |

（2）我看看那件毛衣。

写	课	生词
穿	件	衣服
尝	种	水果

（3）这件毛衣不大也不小。

| 件 | 衣服 | 长 | 短 |
| 课 | 生词 | 多 | 少 |

2. 扩展 التوسيع

今天我很忙，不去食堂吃饭了。北京
Jīntiān wǒ hěn máng, bú qù shítáng chī fàn le. Běijīng

的 宫保 鸡丁 很 好吃，叫一个外卖吧。
de gōngbǎo jīdīng hěn hǎochī, jiào yí ge wàimài ba.

四 生 词 الكلمات الجديدة

1.	天	tiān	名	جو، سماء
2.	冷	lěng	形	بارد
3.	想	xiǎng	能愿/动	أراد، ودَّ
4.	件	jiàn	量	كلمة كمية للملابس
5.	毛衣	máoyī	名	كنزة
6.	怎么样	zěnmeyàng	代	كيف، ماذا عن...
7.	可以	kěyǐ	能愿	يمكن
8.	试	shì	动	جرَّب
9.	大	dà	形	كبير
10.	小	xiǎo	形	صغير
11.	……极了	……jí le		إلى أعلى درجة
12.	短	duǎn	形	قصير
13.	再	zài	副	مرة أخرى
14.	写	xiě	动	كَتَبَ
15.	生词	shēngcí	名	كلمة جديدة
16.	穿	chuān	动	لبِسَ، ارتدى
17.	衣服	yīfu	名	ملبس، ثوب
18.	长	cháng	形	طويل
19.	少	shǎo	形	قليل

20.	宫保鸡丁	gōngbǎo jīdīng		دجاج كونغ باو (مكعبات الدجاج مع الفل السوداني والخضروات والفلفل الحار)
21.	好吃	hǎochī	形	لذيذ
22.	外卖	wàimài	名	طعام سفري

五　语法　القواعد

1. 主谓谓语句　جملة يتكون خبرها من فاعل وخبر

由主谓短语作谓语的句子叫主谓谓语句。主谓短语的主语所指的人或事物常跟全句的主语有关。例如：

هذا النوع من الجملة يتكون خبرها من فاعل وخبر. والشخص أو الشيء الذي يشير إليه هذا الفاعل في الخبر يتعلق عادة بالفاعل لهذه الجملة. مثلا:

① 他身体很好。　　② 我工作很忙。
③ 星期天人很多。

2. 能愿动词　فعل الهيئة

（1）能愿动词"想""要""可以""会"等常放在动词前边表示意愿、能力或可能。能愿动词的否定式是在能愿动词前加"不"。例如：

دائما تأتي أفعال الهيئة مثل "想" و"要" و"可以" و"会" قبل الفعل للإشارة إلى الإرادة أو القدرة أو الإمكانية. تكون صيغة النفي لفعل الهيئة أن تُضاف كلمة "不" قبله. مثلا:

① 他要买书。　　　② 我想回家。
③ 可以去那儿。　　④ 我不想买东西。

（2）能愿动词"要"的否定形式常用"不想"。例如：

عادة تكون صيغة النفي لفعل "要" هي "不想". مثلا:

⑤ A：你要喝水吗？
　　B：我现在不想喝。

（3）带有能愿动词的句子，只要把能愿动词的肯定形式与否定形式并列起来，就构成了正反疑问句。例如：

إن الصيغة الاستفهامية للتخيير للجملة التي فيها فعل الهيئة أن يوضع فعل الهيئة مع صيغة النفي لهذا الفعل.

مثلا:

⑥ 你想不想去长城？　　⑦ 你会不会说汉语？

六 练习 التمرينات

1. 填入适当的量词，然后用"几"或"多少"提问

املأ الفراغات بكلمات الكمية المناسبة ثم اطرح أسئلة باستخدام "几" أو "多少"

例 أمثلة 　我要三_____橘子。→ 我要三斤橘子。你要几斤橘子？

（1）我想买一_____可乐。　　　　　→ _____

（2）我要买两_____衣服。　　　　　→ _____

（3）我家有五_____人。　　　　　　→ _____

（4）两个苹果要五_____六_____。　→ _____

（5）这是六_____苹果。　　　　　　→ _____

（6）那个银行有二十五_____职员。　→ _____

（7）这课有十七_____生词。　　　　→ _____

2. 选择适当的词语完成句子　اختر الكلمات الصحيحة وأكمل الجمل التالية

不……也不……　　太……了　　……极了　　可以　　想

(1) 这种 _____，那种便宜，我买那种。

(2) 我很忙，今天 _____，想休息休息。

(3) 这件衣服 _____，你穿 _____。

(4) 今天不上课，我们 _____。

(5) 明天星期天，我 _____。

3. 找出错误的句子并改正　صحّح الأخطاء في الجمل التالية إذا كانت هناك أخطاء فيها

(1) A：你要吃苹果吗？　　　　(2) A：星期天你想去不去玩儿？
　　B：我要不吃苹果。　　　　　　B：我想去。你想不想去？

(3) A：请问，这儿能上不上网？　(4) A：商店里人多吗？
　　B：不能，这儿没有网。　　　　B：商店里很多人。

4. 谈谈你买的一件东西　حدثنا عن شيء اشتريته

提示：多少钱？贵不贵？买的时候有几种？那几种怎么样？

الاقتراح: كم سعره؟ هل هو غال؟ كم نوع منه؟ وما رأيك في الأنواع الأخرى؟

5. 听后复述　استمع وأعد الكلام

A：这是张丽英买的毛衣。她穿太小，我穿太大，你试试怎么样。

B：不长也不短，好极了。多少钱？

A：不知道。不太贵。

B：我们去问问丽英。

A：现在她不在，下午再去问吧。

6. 语音练习   التمرينات الصوتية

(1) 读下列词语：第二声 + 第四声   اقرأ الكلمات التالية: النغمة الثانية + النغمة الرابعة

yóupiào	（邮票）	yúkuài	（愉快）
tóngzhì	（同志）	xuéyuàn	（学院）
shíyuè	（十月）	qúnzhòng	（群众）
chéngdù	（程度）	guójì	（国际）
wénhuà	（文化）	dédào	（得到）

(2) 常用音节练习   التمارين على المقاطع الصوتية الكثيرة الاستعمال

ji — xǐyījī（洗衣机）, zháo jí（着急）, jǐ ge（几个）, jì xìn（寄信）

yong — yōngjǐ（拥挤）, yǒnggǎn（勇敢）, yóu yǒng（游泳）, búyòng（不用）

13 要换车
需要（3）
xūyào

تحويل الحافلات

الحاجات (٣)

一 句子 الجمل

077
这路车到天安门吗？
Zhè lù chē dào Tiān'ānmén ma?
هل تذهب هذه الحافلة إلى ساحة تيانآنمن؟

078
我没有卡。
Wǒ méiyǒu kǎ.
ليس لدي البطاقة.

079
我会说一点儿汉语。
Wǒ huì shuō yìdiǎnr Hànyǔ.
أتكلم الصينية قليلا.

080
到天安门还有几站？
Dào Tiān'ānmén hái yǒu jǐ zhàn?
كم محطة باقية للوصول إلى ساحة تيانآنمن؟

081
天安门到了。
Tiān'ānmén dào le.
وصلنا ساحة تيانآنمن.

082
我买一张地铁票。
Wǒ mǎi yì zhāng dìtiěpiào.
أريد أن أشتري تذكرة المترو.

083
去北京大学要换车吗？①
Qù Běijīng Dàxué yào huàn chē ma?
هل يجب أن أحول إلى المترو للذهاب إلى جامعة بكين؟

084
换几号线？
Huàn jǐ hào xiàn?
أي خط للمترو يجب أن أركب؟

二 会 话 الحوار

1 (大卫和玛丽坐公交车去天安门)

玛丽： 请问，这路车到天安门吗？
Mǎlì: Qǐngwèn, zhè lù chē dào Tiān'ānmén ma?

售票员： 到。上车吧，请刷卡。
Shòupiàoyuán: Dào. Shàng chē ba, qǐng shuā kǎ.

大卫： 我没有卡。
Dàwèi: Wǒ méiyǒu kǎ.

售票员： 刷手机、投币都可以。
Shòupiàoyuán: Shuā shǒujī, tóu bì dōu kěyǐ.

玛丽： 到天安门多少钱？
Mǎlì: Dào Tiān'ānmén duōshao qián?

售票员： 七块。
Shòupiàoyuán: Qī kuài.

A： 你们会说汉语？②
Nǐmen huì shuō Hànyǔ?

大卫： 会说一点儿。
Dàwèi: Huì shuō yìdiǎnr.

玛丽： 我说汉语，你懂吗？
Mǎlì: Wǒ shuō Hànyǔ, nǐ dǒng ma?

A： 懂。你们是哪国人？
Dǒng. Nǐmen shì nǎ guó rén?

大卫： 我是法国人。
Dàwèi: Wǒ shì Fǎguórén.

13 要换车 تحويل الحافلات

玛丽：我是美国人。
Mǎlì: Wǒ shì Měiguórén.

大卫：到天安门还有几站？
Dàwèi: Dào Tiān'ānmén hái yǒu jǐ zhàn?

A：两站。
Liǎng zhàn.

售票员：天安门到了，请下车。
Shòupiàoyuán: Tiān'ānmén dào le, qǐng xià chē.

2（玛丽在天安门地铁站买票）

玛丽：我买一张地铁票。
Mǎlì: Wǒ mǎi yì zhāng dìtiěpiào.

售票员：去哪儿？
Shòupiàoyuán: Qù nǎr?

玛丽：北京大学。请问要换车吗？
Mǎlì: Běijīng Dàxué. Qǐngwèn yào huàn chē ma?

售票员：要换。
Shòupiàoyuán: Yào huàn.

玛丽：在哪儿换？
Mǎlì: Zài nǎr huàn?

售票员：在西单。
Shòupiàoyuán: Zài Xīdān.

玛丽：换几号线？
Mǎlì: Huàn jǐ hào xiàn?

售票员：4号线。
Shòupiàoyuán: Sì hào xiàn.

玛丽: 一 张 票 多少 钱？
Mǎlì: Yì zhāng piào duōshao qián?

售票员: 五 块。
Shòupiàoyuán: Wǔ kuài.

玛丽: 谢谢！
Mǎlì: Xièxie!

售票员: 不谢。
Shòupiàoyuán: Bú xiè.

注释 الملاحظات

❶ 去北京大学要换车吗？ هل يجب أن أحول إلى المترو للذهاب إلى جامعة بكين؟

能愿动词"要"在这里表示事实上的需要。

يشير فعل الهيئة "要" هنا إلى الحاجة أو الضرورة الواقعية.

❷ 你们会说汉语？ هل تتكلمون اللغة الصينية؟

句末用升调，表示疑问语气。

النغمة الصاعدة في نهاية الجملة تشير إلى الاستفهام.

三 替换与扩展 التبديل والتوسيع

1. 替换 التبديل

（1）我没有<u>卡</u>。

| 钱 | 钱包 |
| 汉语书 | 笔 |

| 13 要换车 | تحويل الحافلات |

（2）你们会说<u>汉语</u>？　▶◀　| 英语 | 俄语 | 法语 | 阿拉伯语 |

（3）A：你是哪国人？
　　　B：我是<u>法国</u>人。　▶◀

| 中国 | 美国 | 韩国 |
| 英国 | 日本 | |

（4）买一<u>张</u> <u>票</u>。　▶◀

| 杯 | 可乐 | 张 | 地图 |
| 本 | 书 | 个 | 本子 |

2. 扩展　التوسيع

A：你们 会 说 汉语 吗？
　　Nǐmen huì shuō Hànyǔ ma?

B：他 会 说 一 点儿，我 不 会。
　　Tā huì shuō yìdiǎnr, wǒ bú huì.

四　生 词　الكلمات الجديدة

1.	路	lù	名	طريق
2.	到	dào	动	وصل
3.	卡	kǎ	名	بطاقة
4.	会	huì	能愿/动	يمكن
5.	说	shuō	动	تلكم، تحدث
6.	一点儿	yìdiǎnr	数量	قليل
7.	站	zhàn	名	محطة

8.	地铁	dìtiě	名	مترو
9.	换	huàn	动	تغيير، تحويل
10.	号	hào	名	رقم
11.	线	xiàn	名	خط
12.	刷	shuā	动	تمرير (البطاقة)
13.	投币	tóu bì		إدخال النقود
14.	懂	dǒng	动	فهمَ
15.	钱包	qiánbāo	名	محفظة
16.	笔	bǐ	名	قلم
17.	俄语	Éyǔ	名	اللغة الروسية
18.	法语	Fǎyǔ	名	اللغة الفرنسية
19.	阿拉伯语	Ālābóyǔ	名	اللغة العربية

专名 أسماء العلم

1.	北京大学	Běijīng Dàxué	جامعة بكين
2.	法国	Fǎguó	فرنسا
3.	西单	Xīdān	منطقة شيدان
4.	韩国	Hánguó	كوريا الجنوبية
5.	英国	Yīngguó	بريطانيا
6.	日本	Rìběn	اليابان

五 语法 القواعد

1. 能愿动词"会"　فعل الهيئة "会"

能愿动词"会"可以表示几种不同的意思。常用的如下：

لفعل الهيئة "会" عدة معاني، أكثرها استعمالا كما يلي:

通过学习掌握了某种技巧。例如：

إجادة مهارة ما عبر التعلم. مثلا:

① 他会说汉语。　　　　② 我不会做中国饭。

2. 数量词作定语　استخدام العدد وكلمة الكمية كصفة

在现代汉语里，数词一般不能直接修饰名词，中间必须加上特定的量词。例如：

في اللغة الصينية الحديثة، لا يجوز استخدام العدد لوصف الأسماء، بل يجب إضافة كلمة الكمية المعنية.

مثلا:

两张票　　三个本子　　五个学生

六 练习 التمرينات

1. 熟读下列短语并造句　اقرأ العبارات التالية وكوّن جملا مفيدة باستخدام هذه العبارات

坐公交车　　换地铁　　吃（一）点儿　　说英语
刷手机　　去西单

2. 用"在""往""去"完成句子 أكمل الجمل التالية باستخدام "في" أو "إلى" أو "نحو"

（1）大卫 _____ 学习汉语。

（2）我去王府井，不知道 _____ 坐车。

（3） _____ 走，就是331路车站。

（4）请问， _____ 怎么走？

（5）我 _____ ，欢迎你来玩儿。

3. 完成对话 أكمل الحوارات التالية

（1）A：你会说汉语吗？

　　B：_____。（一点儿）

（2）A：他会说英语吗？

　　B：_____。（不会）

4. 根据句中的画线部分，把句子改成用疑问代词提出问题的问句
غيّر الجمل التالية إلى أسئلة حسب الكلمات التي تحتها خط

（1）山下和子是<u>日本</u>留学生。 → _____

（2）我有<u>三</u>个本子、<u>两</u>本书。 → _____

（3）<u>我</u>认识大卫的妹妹。 → _____

（4）今天晚上我<u>去看电影</u>。 → _____

（5）我在<u>天安门</u>坐车。 → _____

（6）他爸爸的身体<u>好极了</u>。 → _____

5. 听后复述　استمع وأعد الكلام

我认识一个中国朋友，他在北京大学学习。昨天我想去看他。我问刘京去北京大学怎么走。刘京说，北京大学离这儿很近，坐 375 路公交车可以到。我就去坐 375 路公交车。

375 路车站就在前边。车来了，我问售票员，去不去北京大学。售票员说去，我很高兴，就上车了。

6. 说一说　المحادثة

你常常怎么出行？

7. 语音练习　التمرينات الصوتية

（1）读下列词语：第二声 + 轻声　　اقرأ الكلمات التالية: النغمة الثانية + النغمة الساكنة

bié de	（别的）	pútao	（葡萄）
nán de	（男的）	lái le	（来了）
chuán shang	（船上）	júzi	（橘子）
máfan	（麻烦）	shénme	（什么）
tóufa	（头发）	liángkuai	（凉快）

(2) 常用音节练习　　التمارين على المقاطع الصوتية الكثيرة الاستعمال

| liang | liángshuǎng（凉爽）
liǎng ge（两个）
yuèliang（月亮） |

| lao | dǎlāo（打捞）
láodòng（劳动）
lǎoshī（老师） |

^{xūyào}
需要（4）
الحاجات (٤)

14 我要去换钱

أنا ذاهب لتحويل العملة

一 句子　الجمل

085 钱 都 花 了 。　لقد أنفقت كل المال.
Qián dōu huā le.

086 听 说 饭 店 里 可 以 换 钱 。
Tīngshuō fàndiàn li kěyǐ huàn qián.
سمعت أنه يمكن تحويل العملات في الفندق.

087 这儿 能 不 能 换 钱？
Zhèr néng bu néng huàn qián?
هل يمكن أن أحول العملة هنا؟

088 您 带 的 什 么 钱？
Nín dài de shénme qián?
ما هي العملة لديك؟

089 请 您 在 这 儿 写 一 下 儿 钱 数 。
Qǐng nín zài zhèr xiě yíxiàr qián shù.
من فضلك اكتب هنا مبلغ المال.

090 请 数 一 数 。① 　من فضلك عدّ الفلوس.
Qǐng shǔ yi shǔ.

091 时 间 不 早 了 。　الوقت متأخر.
Shíjiān bù zǎo le.

092 我们 快 走 吧！　هيا بنا!
Wǒmen kuài zǒu ba!

二 会话 الحوار

1

玛丽: 钱都花了,我没钱了。我要去换钱。
Mǎlì: Qián dōu huā le, wǒ méi qián le. Wǒ yào qù huàn qián.

大卫: 听说饭店里可以换钱。
Dàwèi: Tīngshuō fàndiàn li kěyǐ huàn qián.

玛丽: 我们去问问吧。
Mǎlì: Wǒmen qù wènwen ba.

2

玛丽: 请问,这儿能不能换钱?
Mǎlì: Qǐngwèn, zhèr néng bu néng huàn qián?

营业员: 能。您带的什么钱?
Yíngyèyuán: Néng. Nín dài de shénme qián?

玛丽: 美元。
Mǎlì: Měiyuán.

营业员: 换多少?
Yíngyèyuán: Huàn duōshao?

玛丽: 五百美元。一美元换多少人民币?
Mǎlì: Wǔbǎi měiyuán. Yì měiyuán huàn duōshao rénmínbì?

营业员: 六块四毛九。请您在这儿写一下儿钱
Yíngyèyuán: Liù kuài sì máo jiǔ. Qǐng nín zài zhèr xiě yíxiàr qián

数，在这儿签一下儿名字。
shù, zài zhèr qiān yíxiàr míngzi.

玛丽：这样写，对不对？
Mǎlì: Zhèyàng xiě, duì bu duì?

营业员：对。给您钱，请数一数。
Yíngyèyuán: Duì. Gěi nín qián, qǐng shǔ yi shǔ.

玛丽：谢谢！
Mǎlì: Xièxie!

大卫：时间不早了，我们快走吧！
Dàwèi: Shíjiān bù zǎo le, wǒmen kuài zǒu ba!

> **注释** الملاحظات
>
> ❶ 请数一数。 من فضلك عدّ الفلوس.
>
> "数一数"与"数数"意思相同。单音节动词重叠，中间可加"一"。例如：听一听、问一问。
>
> "数一数" و "数数" نفس المعنى. عند تكرار فعل مقطع واحد، يمكن إضافة "一" في الوسط. مثلا: "听一听"، "问一问".

三 替换与扩展 التبديل والتوسيع

1. 替换 التبديل

（1）听说饭店里可以换钱。　»«　
他回国了
大卫会说汉语
小王会一点儿英语

(2) 请您<u>写</u>一下儿<u>钱数</u>。 ▶◀

问	电话号码
念	生词
等	玛丽
签	名字

(3) <u>我们</u>快<u>走</u>吧！ ▶◀

你	来
你们	去
我们	吃
玛丽	写

2. 扩展 التوسيع

（1）没 有 时 间 了，不 等 他 了。
　　Méiyǒu shíjiān le, bù děng tā le.

（2）这 是 他 的 书。请 你 给 他。
　　Zhè shì tā de shū. Qǐng nǐ gěi tā.

四 生词　الكلمات الجديدة

1.	花	huā	动	أنفق
2.	听说	tīngshuō	动	سمِع
3.	饭店	fàndiàn	名	مطعم، فندق
4.	里	li	名	داخل
5.	能	néng	能愿	يمكن

6.	带	dài	动	جلب، أحضر
7.	数	shù	名	عدد
8.	数	shǔ	动	عدَّ، أحصى
9.	时间	shíjiān	名	وقت
10.	快	kuài	形	سريع
11.	营业员	yíngyèyuán	名	موظف في المحل
12.	美元	měiyuán	名	دولار أمريكي
13.	百	bǎi	数	مئة
14.	人民币	rénmínbì	名	RMB (عملة صينية)
15.	签	qiān	动	وقَّع
16.	这样	zhèyàng	代	هكذا، بهذه الطريقة
17.	电话	diànhuà	名	تلفون
18.	号码	hàomǎ	名	رقم
19.	念	niàn	动	قرأ
20.	等	děng	动	انتظر

五 语 法　القواعد

1. 兼语句　جملة محورية

谓语由两个动词短语组成，前一个动词的宾语同时又是后一个动词的主语，这种句子叫兼语句。兼语句的动词常常是带有使令意义的动词，如"请""让（ràng）""叫"等。例如：

إن الجملة المحورية يتكون خبرها من عبارتين فعليتين يكون المفعول به للفعل الأول الفاعل للفعل الثاني. دائما يتحمل الفعل الأول للجملة المحورية معنى الأمر مثل "请" و(لِ، دعْ) "让" و"叫" إلخ. مثلا:

① 请您签一下儿名字。　　　② 请他吃饭。

2. 语气助词"了"（2）　　أداة صيغة "了" (٢)

（1）有时"了"表示某件事或某种情况已经发生。试比较下面两组对话：

أحيانا تشير "了" إلى أن حادثة ما قد حدثت. حاول المقارنة بين هذين الحوارين:

① A：你去哪儿？　　　　　② A：你去哪儿了？
　B：我去商店。　　　　　　B：我去商店了。
　A：你买什么？　　　　　　A：你买什么了？
　B：我买苹果。　　　　　　B：我买苹果了。

第①组对话没用"了"，表示"去商店""买苹果"这两件事尚未发生；第②组用"了"，表示这两件事已经发生了。

عدم ظهور "了" في الحوار ① يدل على أن الأمرين "去商店" و"买苹果" لم يحدثا بعد. أم الحوار ② فتُستخدم فيها "了" وهذا يعني أن هذين الأمرين المذكور أعلاه قد حدثا.

（2）带语气助词"了"的句子，其否定形式是在动词前加副词"没（有）"，去掉句尾的"了"。反复问句是在句尾加上"……了没有"，或者并列动词的肯定形式和否定形式"……没……"。例如：

صيغة النفي لجملة فيها أداة صيغة "了" أن تضاف "没 (有)" قبل الفعل ويحذف "了" التي تقع في نهاية الجملة. ولتشكيل جملة استفهامية للتخيير، يجب إضافة "……了没有" في نهاية الجملة، أو عن طريق وضع الصيغة المثبتة والمنفية للفعل معا لتكون "……没……". مثلا:

③ 他没去商店。　　　　　④ 我没买苹果。
⑤ 你吃饭了没有？　　　　⑥ 你吃没吃饭？

| 六 练 习 | التمرينات |

1. 用"要""想""能""会""可以"和括号中的词语完成句子
   أكمل الجمل التالية باستخدام "要" "想" "能" "会" "可以" والكلمات بين القوسين

(1) 明天我有课，＿＿＿＿＿＿＿＿＿＿＿。（玩儿）
(2) 听说那个电影很好，＿＿＿＿＿＿＿＿＿＿＿。（看）
(3) 你＿＿＿＿＿＿＿＿＿吗？（说）
(4) 这个本子不太好，＿＿＿＿＿＿＿＿＿？（换）
(5) 现在我＿＿＿＿＿＿＿＿，请你明天再来吧。（上课）

2. 用"再""可以""会""想"填空
   املأ الفراغات باستخدام "再" "可以" "会" "想"

这个汉字我不＿＿＿＿＿写。张老师说，我＿＿＿＿＿去问他。我＿＿＿＿＿现在去。大卫说，张老师很忙，现在不要（búyào, لا الناهية）去，下午＿＿＿＿＿去吧。

3. 改正下面的错句　صحح الأخطاء في الجمل التالية

(1) 昨天我没给你发微信了。　→ ＿＿＿＿＿＿
(2) 他常常去食堂吃饭了。　→ ＿＿＿＿＿＿
(3) 昨天的生词很多了。　→ ＿＿＿＿＿＿
(4) 昨天我不去商店，明天我去商店了。→ ＿＿＿＿

4. 完成对话　أكمل الحوارات التالية

(1) A：＿＿＿＿＿＿＿＿＿＿？
   B：我去朋友家了。
   A：＿＿＿＿＿＿＿＿＿＿？
   B：现在我回学校。

（2）A: ＿＿＿＿＿＿＿＿＿＿＿＿＿，好吗？

B: 好。你等一下儿，我去换件衣服。

A: ＿＿＿＿＿＿＿＿＿＿＿＿＿。

B: 这件衣服＿＿＿＿＿＿＿＿＿＿？

A: 很好，我们走吧。

5. 听后复述   استمع وأعد الكلام

和子想换钱。她听说学校的银行能换，就去了。营业员问她带的什么钱，要换多少，还说要写一下儿钱数和名字。和子都写了。换钱的时候，和子对营业员说："对不起，我忘（wàng，نَسِيَ）带钱了。"

6. 语音练习   التمرينات الصوتية

（1）读下列词语：第三声 + 第一声   اقرأ الكلمات التالية: النغمة الثالثة + النغمة الأولى

Běijīng（北京）	shǒudū（首都）
hǎochī（好吃）	měi tiān（每天）
lǎoshī（老师）	kǎoyā（烤鸭）
qǐfēi（起飞）	jiǎndān（简单）
hěn gāo（很高）	huǒchē（火车）

（2）常用音节练习   التمارين على المقاطع الصوتية الكثيرة الاستعمال

li — líkāi（离开）/ lǐbian（里边）/ lìshǐ（历史）/ dàoli（道理）

dao — dāozi（刀子）/ shuāidǎo（摔倒）/ zhīdao（知道）/ dìdao（地道）

15 我要照张相
需要（5）
xūyào

أريد أن أتلقط صورة
الحاجات (٥)

一 句子 الجمل

093 这是新到的鲜花儿。 هذه زهور طازجة.
Zhè shì xīn dào de xiānhuār.

094 还有好看的吗？ هل توجد زهور جميلة أخرى؟
Hái yǒu hǎokàn de ma?

095 这几种怎么样？① ماذا عن هذه الأنواع؟
Zhè jǐ zhǒng zěnmeyàng?

096 请你帮我挑几种。 من فضلك اختر لي بعضا منها.
Qǐng nǐ bāng wǒ tiāo jǐ zhǒng.

097 那就买这几种吧。 سأشتري هذه الأنواع.
Nà jiù mǎi zhè jǐ zhǒng ba.

098 手机没电了。 فرغت بطارية الهاتف.
Shǒujī méi diàn le.

099 你打通电话了吗？ هل المكالمة وصلت؟
Nǐ dǎtōng diànhuà le ma?

100 她关机了。 هاتفها مغلق.
Tā guān jī le.

1 (在花店)

和子：请问 有 鲜花儿 吗？
Hézǐ: Qǐngwèn yǒu xiānhuār ma?

营业员：有，这是新到的。
Yíngyèyuán: Yǒu, zhè shì xīn dào de.

和子：还有好看的吗？
Hézǐ: Hái yǒu hǎokàn de ma?

营业员：你看看，这几种怎么样？
Yíngyèyuán: Nǐ kànkan, zhè jǐ zhǒng zěnmeyàng?

和子：请你帮我挑几种。
Hézǐ: Qǐng nǐ bāng wǒ tiāo jǐ zhǒng.

营业员：我看这四种花儿都很好看。
Yíngyèyuán: Wǒ kàn zhè sì zhǒng huār dōu hěn hǎokàn.

和子：那就买这几种吧。
Hézǐ: Nà jiù mǎi zhè jǐ zhǒng ba.

营业员：还买别的吗？
Yíngyèyuán: Hái mǎi bié de ma?

和子：不买了。
Hézǐ: Bù mǎi le.

2

和子：这个公园真不错。
Hézǐ: Zhège gōngyuán zhēn búcuò.

张丽英：这里的风景太美了，我要照
Zhāng Lìyīng: Zhèli de fēngjǐng tài měi le, wǒ yào zhào

15 我要照张相　　أريد أن أتلقط صورة

张　相。
zhāng xiàng.

和子：给 玛丽 打 个 电话，叫
Hézǐ: Gěi Mǎlì dǎ ge diànhuà, jiào

她 也 来 吧。
tā yě lái ba.

张丽英：哎呀，我 的 手机 没 电 了。
Zhāng Lìyīng: Āiyā, wǒ de shǒujī méi diàn le.

和子：我 打 吧。
Hézǐ: Wǒ dǎ ba.

张丽英：好。我 去 买 点儿 饮料。
Zhāng Lìyīng: Hǎo. Wǒ qù mǎi diǎnr yǐnliào.

……

张丽英：你 打通 电话 了 吗？
Zhāng Lìyīng: Nǐ dǎtōng diànhuà le ma?

和子：没 打通，她 关 机 了。
Hézǐ: Méi dǎtōng, tā guān jī le.

注释　الملاحظات

❶ 这几种怎么样？ ماذا عن هذه الأنواع؟

这里的"几"不是提问，而是表示概数——10以下的不确定的数目。例如：我有十几本书，教室里有几十个学生。

هنا "几" ليست استفهامية بل رقم تقريبي عادة يقل عن عشرة. مثلا: "我有十几本书"، "教室里有几十个学生".

三、替换与扩展 التبديل والتوسيع

1. 替换 التبديل

(1) 这是新<u>到</u>的<u>鲜花儿</u>。

| 买 | 照相机 | 买 | 电脑 |
| 做 | 衣服 | 来 | 老师 |

(2) 请你帮我<u>挑</u>几种<u>好看的花儿</u>。

交	几元	电话费
找	几本	书
试	几件	毛衣
拿	几个	东西

(3) 你<u>打</u><u>通</u><u>电话</u>了吗？

吃	完	饭
看	完	那本书
找	到	玛丽
买	到	电脑

2. 扩展 التوسيع

(1) 我 给 他 发 电 子 邮 件。
　　Wǒ gěi tā fā diànzǐ yóujiàn.

(2) 我 给 东 京 的 朋 友 打 电 话。我 说 汉 语，
　　Wǒ gěi Dōngjīng de péngyou dǎ diànhuà. Wǒ shuō Hànyǔ,

　　他 不 懂；说 英 语，他 听 懂 了。
　　tā bù dǒng; shuō Yīngyǔ, tā tīngdǒng le.

四 生词 الكلمات الجديدة

#	汉字	拼音	词性	العربية
1.	新	xīn	形	جديد
2.	到	dào	动	جاء، أتى
3.	鲜花儿	xiānhuār	名	زهور طازجة
4.	好看	hǎokàn	形	جميل، حسن المظهر
5.	帮	bāng	动	ساعد
6.	挑	tiāo	动	اختار، انتقى
7.	电	diàn	名	كهرباء
8.	打	dǎ	动	اتصل بالهاتف
9.	通	tōng	动	وصلت (المكالمة)
10.	关机	guān jī		إيقاف التشغيل
11.	真	zhēn	副/形	بالفعل
12.	不错	búcuò	形	جيد، لا بأس
13.	风景	fēngjǐng	名	منظر طبيعي
14.	照相	zhào xiàng		التقط صورة
	照	zhào	动	التقط، أخذ (صورة)
15.	哎呀	āiyā	叹	التعبير عن الدهشة
16.	照相机	zhàoxiàngjī	名	كاميرا
17.	交	jiāo	动	دفع
18.	费	fèi	名/动	أجر، رسم، دفع رسما
19.	拿	ná	动	أخذ
20.	完	wán	动	أنهى

专名 أسماء العلم

| 东京 | Dōngjīng | طوكيو |

五 语法 القواعد

1. "是"字句（2）   جملة "是" (2)

名词、代词、形容词等后面加助词"的"组成"的"字结构，它具有名词的性质和作用，可独立使用。这种"的"字结构常出现在"是"字句里。例如：

مركب "的" المتكون من اسم أو ضمير أو صفة و"的" لديه نفس الخصائص ووظائف كاسم، ويمكن استخدامه مستقلا. دائما يأتي مركب "的" في جملة "是". مثلا:

① 这个本子是我的。 ② 那本书是新的。
③ 这件毛衣不是玛丽的。

2. 结果补语   مكمل النتيجة

（1）说明动作结果的补语叫结果补语。结果补语常由动词或形容词充任。例如：打通、写对。

يعرف المكمل الذي يوضح نتيجة فعل بمكمل النتيجة وعادة يلعب فعل أو صفة دور مكمل النتيجة. مثلا:

"打通"、"写对".

（2）动词"到"作结果补语，表示人或运行的器物通过动作到达某个地点或动作持续到某个时间，也可以表示动作进行到某种程度。例如：

عندما يستخدم الفعل "到" كمكمل النتيجة، يشير إلى أن شخصا أو شيئا قد وصل إلى مكان ما أو أن الفعل استمر لفترة ما، أو أن الفعل حدث إلى درجة ما. مثلا:

① 他回到北京了。　　② 我们学到第十五课了。
③ 她昨天晚上工作到十点。

（3）带结果补语的句子的否定式是在动词前加"没（有）"。例如：

لتشكيل صيغة النفي للجملة التي يوجد فيها مكمل النتيجة، يجب إضافة "(没 (有" قبل الفعل. مثلا:

④ 我没买到那本书。　　⑤ 大卫没找到玛丽。

3. 介词 "给"　　حرف جر "给"

介词 "给" 可以用来引出动作、行为的接受对象。例如：

يستخدم حرف جر "给" للإشارة إلى الملتقي للفعل أو الحدث. مثلا:

① 昨天我给你打电话了。　　② 他给我做衣服。

六 练 习　التمرينات

1. 熟读下列短语，每组选择一个造句

اقرأ العبارات التالية واختر عبارة من كل مجموعة من العبارات وكوّن منها جملا مفيدة

新 { 书　本子　衣服 }　　帮 { 你找找　他拿东西　妈妈做饭 }　　交 { 钱　电话费　饭费 }

2. 仿照例句改写句子（用上适当的量词）
أعد كتابة الجمل التالية حسب المثال (حاول استخدام كلمة كمية مناسبة)

例 أمثلة 这是一件新毛衣。➡ 这件毛衣是新的。

（1）这是妹妹的电脑。➡ _____

（2）那是一本新书。➡ _____

（3）这是大卫的照相机。➡ _____

（4）这是一个日本电影。➡ _____

3. 选择适当的词语完成句子 اختر الكلمات الصحيحة وأكمل الجمل التالية

真　　　　交　　　　完　　　　通

（1）我的钱_____，我要去换钱。

（2）这个月的手机费你_____吗？

（3）我给玛丽打电话，没_____，明天再打。

（4）这种花儿_____，我也想买。

4. 完成对话 أكمل الحوارات التالية

（1）A：你找什么？

　　　B：_____。

　　　A：你的书是新的吗？

　　　B：_____。

（2）A：_____？

　　　B：我没有。你有法语书吗？

　　　A：有。

　　　B：_____？

　　　A：对，是新买的。

（3）A：这个照相机是谁的？

B：_____。

A：_____？

B：对。你看，很新。

5. 听后复述 استمع وأعد الكلام

这个照相机是大卫新买的。昨天北京大学的两个中国学生来玩儿，我们一起照相了。北京大学的朋友说，星期天请我们去玩儿。他们在北大东门（dōngmén, الباب الشرقي）等我们。我们去的时候，先（xiān, أولا）给他们打电话。

6. 语音练习 التمرينات الصوتية

(1) 读下列词语：第三声 + 第二声 اقرأ الكلمات التالية: النغمة الثالثة + النغمة الثانية

yǔyán	（语言）	yǐqián	（以前）
yǒumíng	（有名）	qǐ chuáng	（起床）
lǚxíng	（旅行）	Měiguó	（美国）
hěn cháng	（很长）	jǔxíng	（举行）
jiǎnchá	（检查）	zǎochá	（早茶）

(2) 常用音节练习 التمارين على المقاطع الصوتية الكثيرة الاستعمال

zhong — fēnzhōng（分钟）
     — yì zhǒng（一种）
     — zhòngyào（重要）

zi — zǐxì（仔细）
   — Hànzì（汉字）
   — zhuōzi（桌子）

复习(三)

المراجعة (٣)

一 会话 الحوار

〔小李听见有人敲门(qiāo mén, طرق الباب),去开门(kāi mén, فتح الباب)〕

李:谁啊?

王:小李,你好!

卫:我们来看你了。

李:是你们啊!快请进!……请坐,请喝茶(chá, الشاي)。

王、卫:谢谢!

李:你们怎么找到这儿的?

王:小马带我们来的。

卫:小马的奶奶家离这儿很近。他去奶奶家,我们就和他一起来了。

李:你们走累了吧?

王:不累。我们下车以后(yǐhòu, بعد)很快就找到了这个楼。

卫：你家离你工作的地方很远吧？

李：不远，坐18路车就可以到那儿。你们学习忙吧？

王：很忙，每天（měi tiān, كل يوم）都有课，作业（zuòyè, الواجبات المنزلية）也很多。

卫：今天怎么你一个人在家？你爸爸妈妈呢？

李：我爸爸妈妈的一个朋友要去美国，今天他们去看那个朋友了。

王：啊（à, آه），十一点半了，我们去饭店吃饭吧。

李：到饭店去吃饭要等很长时间，也很贵，就在我家吃吧。我还要请你们尝尝我的拿手（náshǒu, ماهر）菜呢！

王、卫：太麻烦（máfan, أتعب، أزعج）你了！

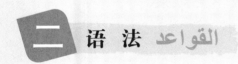

语法　القواعد

能愿动词小结　التلخيص لفعل الهيئة

1. 想

表示主观上的意愿，侧重"打算、希望"。例如：

تعبر عن الإرادة مع التأكيد على "希望、打算" (النية والرغبة). مثلا:

A：你想去商店吗？

B：我不想去商店，我想在家看电视。

2. 要

（1）表示主观意志上的要求。否定式是"不想"。例如：

تعبر عن الرغبة. وصيغة النفي "不想". مثلا:

① 我要买件毛衣。

② A：你要看这本书吗？

　B：我不想看，我要看那本杂志。

（2）表示客观事实上的需要。否定式常用"不用"。例如：

تعبر عن الحاجة. وصيغة النفي "不用". مثلا:

③ A：要换车吗？

　B：要换车（不用换车）。

3. 会

（1）表示通过学习掌握一种技能。例如：

يجيد شخص مهارة ما بعد التعلم. مثلا:

① 他会说汉语。　　　② 我不会做菜。

（2）表示可能性。例如：

يشير إلى الإمكانية. مثلا:

③ A：现在十点了，他不会来了吧？

　B：别着急（bié zháo jí, لا تقلق），他会来的。

4. 能

（1）表示具有某种能力。例如：

يمتلك مهارة ما. مثلا:

① 大卫能用汉语聊天儿。

（2）也可表示客观上的允许。例如：

تعبر عن السماح أو الإذن. مثلا:

> ② A：你明天上午能来吗？
> B：不能来，明天我有事。

5. 可以

表示客观或情理上许可。例如：

تعبر عن السماح الموضوعي. مثلا:

> ① A：我们可以走了吗？
> B：可以。
> ② A：我们可以在这儿玩儿吗？
> B：不行（xíng, ممكن），这儿要上课。

三 练习 التمرينات

1. 用动词"给"和下面的词语造双宾语句

كون جملا مفيدة ذات مفعولين باستخدام الفعل "给" والكلمات التالية

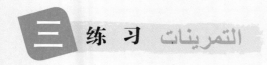

本子　　词典　　钱　　鲜花儿　　苹果

2. 回答问题 أجب على الأسئلة التالية

（1）这本书生词多吗？

（2）你的词典是新的吗？那本书是谁的？

（3）你会说汉语吗？你会不会写汉字？

3. 用下面的句子练习会话 حاول إجراء حوار باستخدام الجمل التالية

(1) 买东西　التسوق

你要买什么？　　　　　　请问，有……吗？

要多少？　　　　　　　　一斤多少钱？

还要别的吗？　　　　　　多少钱一斤？

请先交钱。　　　　　　　在这儿交钱吗？

你怎么付？　　　　　　　在哪儿交钱？

请数一数。　　　　　　　给你钱。

(2) 坐车/地铁　ركوب الحافلة\المترو

这路车到……吗？　　　　我去……。

到……还有几站？　　　　买……张票。

一张票多少钱？　　　　　在……上的。

在哪儿换车？　　　　　　在……下车。

换几号线？

(3) 换钱　تحويل العملة

这儿能换钱吗？　　　　　你带的什么钱？

……能换多少人民币？　　换多少？

请写一下儿钱数和名字。

4. 语音练习　التمرينات الصوتية

(1) 声调练习：第四声+第三声　التمرينات على النغمات: النغمة الرابعة + النغمة الثالثة

　　Hànyǔ　（汉语）

　　huì jiǎng Hànyǔ　（会讲汉语）

　　Dàwèi huì jiǎng Hànyǔ.　（大卫会讲汉语。）

（2）朗读会话　اقرأ الحوار التالي

A: Nǐ lěng ma?　　　　　B: Yǒudiǎnr lěng.

A: Gěi nǐ zhè jiàn máoyī.　B: Wǒ shìshi.

A: Bú dà yě bù xiǎo.　　　B: Shì a. Xièxie!

四　阅读短文　اقرأ المقالة التالية

我跟大卫说好（shuōhǎo, اتفق）星期天一起去买衣服。

星期天，我很早就起床了。我家离商场（shāngchǎng, مركز تجاري）不太远，我九点半坐车去，十点就到了。买东西的人很多。我在商场前边等大卫。等到十点半，大卫还没有来，我就先进去了。

那个商场很大，东西也很多。我想买毛衣，售货员说在二层，我就上楼了。

这儿的毛衣很好看，也很贵。有一件毛衣我穿不长也不短。我去交钱的时候，大卫来了。他说："坐车的人太多了，我来晚了，真对不起（duìbuqǐ, معذرة）。"我说："没关系。"我们就一起去看别的衣服了。

xiāngyuē
相约（1）
تحديد موعد (١)

16 你看过京剧吗
هل شاهدت أوبرا بكين

一　句　子　الجمل

101 你 看 过 京 剧 吗？ هل شاهدت أوبرا بكين؟
Nǐ kànguo jīngjù ma?

102 我 没 看 过 京 剧。 لم أشاهد أوبرا بكين من قبل.
Wǒ méi kànguo jīngjù.

103 你 知 道 哪 儿 演 京 剧 吗？
Nǐ zhīdao nǎr yǎn jīngjù ma?
هل تعرف أين تعرض أوبرا بكين؟

104 你 买 到 票 以 后 告 诉 我。
Nǐ mǎidào piào yǐhòu gàosu wǒ.
أخبرني بعد أن اشتريت تذكرة.

105 我 还 没 吃 过 北 京 烤 鸭 呢！
Wǒ hái méi chīguo Běijīng kǎoyā ne!
لم أجرب بط بكين المشوي من قبل!

106 我 们 应 该 去 尝 一 尝。
Wǒmen yīnggāi qù cháng yi cháng.
يجب أن نتذوق.

107 不 行。 لا يمكن.
Bù xíng.

108 | 有朋友来看我。
Yǒu péngyou lái kàn wǒ.
سيزورني صديقي.

二 会话 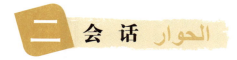 الحوار

1

玛丽：你看过京剧吗？
Mǎlì: Nǐ kànguo jīngjù ma?

大卫：没看过。
Dàwèi: Méi kànguo.

玛丽：听说很有意思。
Mǎlì: Tīngshuō hěn yǒu yìsi.

大卫：我很想看，你呢？
Dàwèi: Wǒ hěn xiǎng kàn, nǐ ne?

玛丽：我也很想看。你知道哪儿演吗？
Mǎlì: Wǒ yě hěn xiǎng kàn. Nǐ zhīdao nǎr yǎn ma?

大卫：人民剧场常演。
Dàwèi: Rénmín Jùchǎng cháng yǎn.

玛丽：那我们星期六去看，好不好？
Mǎlì: Nà wǒmen xīngqīliù qù kàn, hǎo bu hǎo?

大卫：当然好。今天我在网上买票。
Dàwèi: Dāngrán hǎo. Jīntiān wǒ zài wǎngshang mǎi piào.

玛丽：买到票以后告诉我。
Mǎlì: Mǎidào piào yǐhòu gàosu wǒ.

大卫：好。
Dàwèi: Hǎo.

2

和子：听说烤鸭是北京的名菜。
Hézǐ: Tīngshuō kǎoyā shì Běijīng de míngcài.

玛丽：我还没吃过呢！
Mǎlì: Wǒ hái méi chīguo ne!

和子：我们应该去尝一尝。
Hézǐ: Wǒmen yīnggāi qù cháng yi cháng.

玛丽：二十八号晚上我没事，你呢？
Mǎlì: Èrshíbā hào wǎnshang wǒ méi shì, nǐ ne?

和子：不行，有朋友来看我。
Hézǐ: Bù xíng, yǒu péngyou lái kàn wǒ.

玛丽：三十号晚上怎么样？
Mǎlì: Sānshí hào wǎnshang zěnmeyàng?

和子：可以。
Hézǐ: Kěyǐ.

三 替换与扩展 التبديل والتوسيع

1. 替换 التبديل

（1）你<u>看</u>过<u>京剧</u>吗？

去	长城	喝	这种酒
喝	那种茶	去	那个公园
吃	那种菜	问	价钱

16 你看过京剧吗 هل شاهدت أوبرا بكين

（2）我们应该去<u>尝一尝</u><u>烤鸭</u>。

| 看 | 京剧 | 问 | 老师 |
| 听 | 音乐 | 找 | 他们 |

（3）<u>买</u>到<u>票</u>以后告诉我。

| 收 | 快递 | 买 | 词典 |
| 见 | 玛丽 | 买 | 京剧票 |

2. 扩展　التوسيع

（1）玛丽，快来，有人找你。
　　　Mǎlì, kuài lái, yǒu rén zhǎo nǐ.

（2）A：你看杂技吗?
　　　　Nǐ kàn zájì ma?

　　　B：不看。昨天的练习我还没做呢。
　　　　Bú kàn. Zuótiān de liànxí wǒ hái méi zuò ne.

四 生词　الكلمات الجديدة

1.	过	guo	助	تستخدم بعد فعل لتشير إلى تجربة سابقة
2.	京剧	jīngjù	名	أوبرا بكين
3.	演	yǎn	动	مثَّل، عرض
4.	以后	yǐhòu	名	فيما بعد
5.	告诉	gàosu	动	أخبر
6.	烤鸭	kǎoyā	名	بط مشوي
7.	应该	yīnggāi	能愿	يجب

8.	行	xíng	动/形	يمكن
9.	有意思	yǒu yìsi		ممتع، مشوق
10.	当然	dāngrán	副	طبعا
11.	名菜	míng cài		طبق مشهور
12.	事	shì	名	أمر، شغل
13.	酒	jiǔ	名	خمر
14.	茶	chá	名	شاي
15.	菜	cài	名	طبق
16.	价钱	jiàqian	名	ثمن
17.	收	shōu	动	تلقى، استلم
18.	快递	kuàidì	名	توصيل سريع
19.	词典	cídiǎn	名	معجم
20.	杂技	zájì	名	ألعاب بهلوانية
21.	练习	liànxí	名/动	تمرَّن، تمرين

专名　أسماء العلم

| 人民剧场 | Rénmín Jùchǎng | مسرح الشعب |

五　语法　القواعد

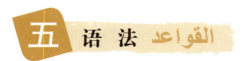

1. 动态助词 "过"　أداة "过"

（1）动态助词 "过" 用在动词后，说明某种动作曾在过去发生。常用来强调有过这种经历。例如：

تستخدم أداة "过" بعد فعل للإشارة إلى أنه قد تم ولتوكيد تجربة سابقة. مثلا:

① 我去过长城。　　　　② 我学过汉语。
③ 我没吃过烤鸭。

（2）它的反复问句形式是"……过……没有"。例如：

الجملة الاستفهامية للتخيير لها هي "……过……没有". مثلا:

④ 你去过那个咖啡馆没有？　　⑤ 你看过那个电影没有？

（3）连动句里要表示过去的经历时，"过"一般放在第二个动词之后。例如：

للإشارة إلى تجربة سابقة في جملة فيها فعلان متتاليان، توضع "过" عادة بعد الفعل الثاني. مثلا:

⑥ 我去那个饭店吃过饭。

2. 无主句　جملة بدون فاعل

绝大部分句子都由主语、谓语两部分组成。也有一些句子只有谓语没有主语，这种句子叫无主句。例如：

تتكون معظم الجمل من جزئين، أي الفاعل والخبر. هناك بعض الجمل يوجد فيها فقط الخبر بدون الفاعل. تسمى مثل هذه الجملة جملة بدون فاعل. مثلا:

① 有人找你。　　　　② 有人请你看电影。

3. "还没（有）……呢"　عبارة "还没（有）……呢"

表示一个动作现在还未发生或尚未完成。例如：

تشير هذه العبارة إلى أن فعلا ما لم يحدث بعد أو لم ينته بعد. مثلا:

① 他还没（有）来呢。　　② 这件事我还不知道呢。
③ 我还没吃过烤鸭呢。

六 练习 التمرينات

1. 用"了"或"过"完成句子　أكمل الجمل التالية باستخدام "了" أو "过"

(1) 听说中国的杂技很有意思，我还＿＿＿＿＿＿＿＿＿＿。

(2) 昨天我＿＿＿＿＿＿＿＿＿＿。这个电影很好。

(3) 他不在，他去＿＿＿＿＿＿＿＿＿＿。

(4) 你看＿＿＿＿＿＿＿＿＿＿吗？听说很好。

(5) 你＿＿＿＿＿＿＿＿＿＿？这种酒不太好喝。

2. 用"了"或"过"回答问题　أجب عن الأسئلة التالية باستخدام "了" أو "过"

(1) 你来过中国吗？来中国以后，你去过什么地方？

(2) 来中国以后，你给家里打过电话吗？

(3) 昨天晚上你做什么了？看电视了吗？

(4) 你常听录音吗？昨天听录音了没有？

3. 判断正误　حدد ما إذا كانت هذه الجمل صحيحة أم لا

(1) 我没找到那个本子。（　）　(2) 你看过没有京剧？（　）
　　我没找到那个本子了。（　）　　　你看过京剧没有？（　）

(3) 玛丽不去过那个书店。（　）　(4) 我还没吃过午饭呢。（　）
　　玛丽没去过那个书店。（　）　　　我还没吃午饭呢。（　）

4. 把下列句子改成否定句　غير الجمل التالية إلى صيغة النفي

(1) 我找到那个本子了。➡ ＿＿＿＿＿＿＿＿＿＿

(2) 我看过京剧。➡ ＿＿＿＿＿＿＿＿＿＿

（3）他学过这个汉字。　→ _____

（4）我吃过这种菜。　→ _____

（5）玛丽去过那个书店。→ _____

5. 听后复述　　استمع وأعد الكلام

　　以前（yǐqián, من قبل）我没看过中国的杂技，昨天晚上我看了。中国杂技很有意思，以后我还想看。

　　我也没吃过中国菜。小王说他会做中国菜，星期六请我吃。

6. 语音练习　　التمرينات الصوتية

（1）读下列词语：第三声 + 第三声　　اقرأ الكلمات التالية: النغمة الثالثة + النغمة الثالثة

yǒuhǎo	（友好）	wǎn diǎn	（晚点）
yǔfǎ	（语法）	liǎojiě	（了解）
zhǎnlǎn	（展览）	hěn duǎn	（很短）
hǎishuǐ	（海水）	gǔdiǎn	（古典）
guǎngchǎng	（广场）	yǒngyuǎn	（永远）

(2) 常用音节练习　　التمارين على المقاطع الصوتية الكثيرة الاستعمال

xiāngyuē
相约（2）
تحديد موعد (2)

17 去动物园
الذهاب إلى حديقة الحيوانات

一 句子 الجمل

109 | 这两天天气很好。①
Zhè liǎng tiān tiānqì hěn hǎo.
الجو جيد هذه الأيام.

110 | 我们出去玩儿玩儿吧。
Wǒmen chūqu wánr wánr ba.
لنخرج للنزهة.

111 | 去哪儿玩儿好呢？
Qù nǎr wánr hǎo ne?
أين نذهب للنزهة؟

112 | 去北海公园，看看花儿，划划船。
Qù Běihǎi Gōngyuán, kànkan huār, huáhua chuán.
لنذهب إلى حديقة بايهاي لمشاهدة الأزهار وجدف القارب.

113 | 骑自行车去吧。
Qí zìxíngchē qù ba.
لنذهب بالدراجة.

114 | 今天天气多好啊！
Jīntiān tiānqì duō hǎo a!
الجو جيد جدا اليوم!

115 | 他上午到还是下午到？
Tā shàngwǔ dào háishi xiàwǔ dào?
هل سيصل في الصباح أم بعد الظهر؟

116 | 我跟你一起去。
Wǒ gēn nǐ yìqǐ qù.
سأذهب معك.

17 去动物园 الذهاب إلى حديقة الحيوانات

二 会 话 الحوار

1

张丽英: 这 两 天 天气 很 好， 我们 出去 玩儿
Zhāng Lìyīng: Zhè liǎng tiān tiānqì hěn hǎo, wǒmen chūqu wánr

玩儿 吧。
wánr ba.

和子: 去 哪儿 玩儿 好 呢？
Hézǐ: Qù nǎr wánr hǎo ne?

张丽英: 去 北海 公园， 看看 花儿， 划划 船，
Zhāng Lìyīng: Qù Běihǎi Gōngyuán, kànkan huār, huáhua chuán,

多 好 啊！
duō hǎo a!

和子: 上 星期 我 去 过 了， 去 别 的 地方 吧。
Hézǐ: Shàng xīngqī wǒ qùguo le, qù bié de dìfang ba.

张丽英: 去 动物园 怎么样？
Zhāng Lìyīng: Qù dòngwùyuán zěnmeyàng?

和子: 行， 还 可以 看看
Hézǐ: Xíng, hái kěyǐ kànkan

大熊猫 呢。
dàxióngmāo ne.

张丽英: 我们 怎么 去？
Zhāng Lìyīng: Wǒmen zěnme qù?

和子: 骑 自行车 去 吧。
Hézǐ: Qí zìxíngchē qù ba.

2

和子：你认识李成日吗？
Hézǐ: Nǐ rènshi Lǐ Chéngrì ma?

刘京：当然认识。去年他在这儿学过汉语。
Liú Jīng: Dāngrán rènshi. Qùnián tā zài zhèr xuéguo Hànyǔ.

和子：你知道吗？明天他来北京。
Hézǐ: Nǐ zhīdao ma? Míngtiān tā lái Běijīng.

刘京：不知道。他上午到还是下午到？
Liú Jīng: Bù zhīdao. Tā shàngwǔ dào háishi xiàwǔ dào?

和子：下午两点，我去机场接他。
Hézǐ: Xiàwǔ liǎng diǎn, wǒ qù jīchǎng jiē tā.

刘京：明天下午没有课，我跟你一起去。
Liú Jīng: Míngtiān xiàwǔ méiyǒu kè, wǒ gēn nǐ yìqǐ qù.

和子：好的。
Hézǐ: Hǎo de.

刘京：什么时候去？
Liú Jīng: Shénme shíhou qù?

和子：一点吧。
Hézǐ: Yī diǎn ba.

注释 الملاحظات

① 这两天天气很好。 الجو جيد هذه الأيام.

"这两天"是表示"最近"的意思。"两"在这里表示概数。

"这两天" يعني "هذه الأيام، مؤخرا". تستخدم "两" هنا كرقم تقريبي.

17 去动物园 الذهاب إلى حديقة الحيوانات

三 替换与扩展 التبديل والتوسيع

1. 替换 التبديل

（1）这两天<u>天气很好</u>。 》《

我没事	他很忙
小王身体不好	
他们有考试	
坐地铁的人很多	

（2）看看花儿，划划船，
多<u>好</u>啊！ 》《

有意思	高兴

（3）他<u>上午</u>到还是<u>下午</u>到？ 》《

今天	明天
下星期	这个星期
早上八点	晚上八点

2. 扩展 التوسيع

（1）A：玛丽在哪儿？
　　　Mǎlì zài nǎr?

　　B：在楼上，你上去找她吧。
　　　Zài lóu shang, nǐ shàngqu zhǎo tā ba.

（2）A：去动物园哪条路近？
　　　Qù dòngwùyuán nǎ tiáo lù jìn?

　　B：这条路最近。
　　　Zhè tiáo lù zuì jìn.

四 生词 الكلمات الجديدة

#				
1.	天气	tiānqì	名	جو
2.	出去	chūqu		الخروج (للنزهة)
3.	划	huá	动	جدف
4.	船	chuán	名	قارب
5.	骑	qí	动	ركب
6.	自行车	zìxíngchē	名	دراجة
7.	啊	a	助	آه
8.	还是	háishi	连	أو
9.	跟	gēn	介	مع، و
10.	上	shàng	名	ماض
11.	动物园	dòngwùyuán	名	حديقة الحيوانات
12.	大熊猫	dàxióngmāo	名	باندا عملاقة
13.	去年	qùnián	名	السنة الماضية
14.	学	xué	动	دَرَسَ
15.	机场	jīchǎng	名	مطار
16.	接	jiē	动	استقبل
17.	考试	kǎo shì		امتحان
18.	下	xià	名	قادم، مقبل
19.	条	tiáo	量	كلمة كمية تستخدم لتصف شيئا شكله يشبه العصا
20.	最	zuì	副	الأكثر

五　语 法　　القواعد

1. 选择疑问句　　السؤال للتخيير

用连词"还是"连接两种可能的答案，由回答的人选择其一，这种疑问句叫选择疑问句。例如：

السؤال للتخيير هو سؤال يشمل إجابتين يربطهما أداة "还是" ليختار المجيب واحدة منهما. مثلا:

① 你上午去还是下午去？　　② 你喝咖啡还是喝茶？
③ 你一个人去还是跟朋友一起去？

2. 表示动作方式的连动句　　جملة فيها أكثر من فعل واحد لتشير إلى طريقة الفعل

这种连动句中前一个动词或动词短语表示动作的方式。例如：

في هذا النوع من الجملة، يشير الفعل الأول إلى طريقة الفعل. مثلا:

坐车去机场　　　骑自行车去

3. 趋向补语（1）　　مكمل الاتجاه (١)

一些动词后边常用"来""去"作补语，表示动作的趋向，这种补语叫趋向补语。动作如果向着说话人就用"来"，与之相反的就用"去"。例如：

يعرف مكمل الاتجاه بمكمل مثل "来" و"去" الذي يوضع بعد الفعل للإشارة إلى اتجاه الفعل. إذا كان الفعل يتحرك على اتجاه المتكلم، يجب استخدام "来"، وإذا كان الفعل يتحرك على عكس اتجاه المتكلم، يجب استخدام "去". مثلا:

① 上课了，快进来吧。（说话人在里边）
② 他不在家，出去了。（说话人在家里）
③ 玛丽，快下来！（说话人在楼下，玛丽在楼上）

六 练习 التمرينات

1. 给下面的词配上适当的宾语并造句

أضف إلى الكلمات التالية مفعولا به مناسبا وكون منها جملا مفيدة

坐＿＿＿＿　　划＿＿＿＿　　骑＿＿＿＿　　演＿＿＿＿

拿＿＿＿＿　　换＿＿＿＿　　穿＿＿＿＿　　打＿＿＿＿

2. 看图说话（用上趋向动词"来""去"）

حدثنا عن الصور التالية (باستخدام الأفعال "来" و"去")

（1）大卫说："你＿＿＿＿吧。"

　　　玛丽说："你＿＿＿＿吧。"

（2）A：＿＿＿＿＿＿＿＿＿。

　　　B：＿＿＿＿＿＿＿＿＿。

　　　C：＿＿＿＿＿＿＿＿＿。

3. 根据所给内容，用"还是"提问　اطرح أسئلة حسب العبارات التالية باستخدام "还是"

例 أمثلة　六点半起床　七点起床 ➡ 你六点半起床还是七点起床？

（1）去北海公园　去动物园 ➡ ＿＿＿＿＿＿＿＿＿＿

（2）看电影　　　看杂技 ➡ ＿＿＿＿＿＿＿＿＿＿

17 去动物园 الذهاب إلى حديقة الحيوانات

(3) 坐车去　　骑自行车去　→ _____
(4) 你去机场　　他去机场　→ _____
(5) 今年回国　　明年回国　→ _____

4. 听后复述　استمع وأعد الكلام

王兰告诉我，离我们学校不远有一个果园（guǒyuán, بستان فواكه）。那个果园有很多水果（shuǐguǒ, فواكه），可以看，可以吃，也可以买。我们应该去看看。我们想星期天去。我们骑自行车去。

5. 语音练习　التمرينات الصوتية

(1) 读下列词语：第三声 + 第四声　اقرأ الكلمات التالية: النغمة الثالثة + النغمة الرابعة

(2) 常用音节练习　التمارين على المقاطع الصوتية الكثيرة الاستعمال

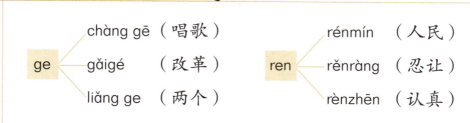

18 路上辛苦了
كانت الرحلة متعبة

yíngjiē
迎接（1）
استقبال (١)

一 句子 الجمل

117　从 东 京 来 的 飞 机 到 了 吗？
　　Cóng Dōngjīng lái de fēijī dào le ma?
　　هل وصلت الطائرة من طوكيو؟

118　飞 机 晚 点 了。 تأخرت الطائرة.
　　Fēijī wǎn diǎn le.

119　飞 机 快 要 起 飞 了。 الطائرة على وشك الإقلاع.
　　Fēijī kuài yào qǐfēi le.

120　飞 机 大 概 三 点 半 能 到。
　　Fēijī dàgài sān diǎn bàn néng dào.
　　ستصل الطائرة الساعة الثالثة والنصف تقريبا.

121　我 们 先 去 喝 点 儿 咖 啡，一 会 儿
　　Wǒmen xiān qù hē diǎnr kāfēi, yíhuìr
　　再 来 这 儿 吧。
　　zài lái zhèr ba.
　　لنشرب القهوة أولا ونعود فيما بعد.

122　路 上 辛 苦 了。 كانت الرحلة متعبة.
　　Lùshang xīnkǔ le.

123　你 怎 么 知 道 我 要 来？
　　Nǐ zěnme zhīdao wǒ yào lái?
　　كيف عرفت أني مجيء؟

18 路上辛苦了 كانت الرحلة متعبة

124 | 是和子告诉我的。 أخبرتني كازوكو
Shì Hézǐ gàosu wǒ de.

二 会话 الحوار

1

和子：从东京来的飞机到了吗？
Hézǐ: Cóng Dōngjīng lái de fēijī dào le ma?

服务员：还没到。
Fúwùyuán: Hái méi dào.

和子：为什么？
Hézǐ: Wèi shénme?

服务员：晚点了。飞机现在在上海。
Fúwùyuán: Wǎn diǎn le. Fēijī xiànzài zài Shànghǎi.

和子：起飞了吗？
Hézǐ: Qǐfēi le ma?

服务员：快要起飞了。
Fúwùyuán: Kuài yào qǐfēi le.

和子：什么时候能到？
Hézǐ: Shénme shíhou néng dào?

服务员：大概三点半能到。
Fúwùyuán: Dàgài sān diǎn bàn néng dào.

和子：刘京，我们先去喝点儿咖啡，
Hézǐ: Liú Jīng, wǒmen xiān qù hē diǎnr kāfēi,
　　　一会儿再来这儿吧。
　　　yíhuìr zài lái zhèr ba.

2

和子：你看，李成日来了。
Hézǐ: Nǐ kàn, Lǐ Chéngrì lái le.

刘京：你好！路上辛苦了。
Liú Jīng: Nǐ hǎo! Lùshang xīnkǔ le.

李成日：你们好！刘京，你怎么知道我要来？
Lǐ Chéngrì: Nǐmen hǎo! Liú Jīng, nǐ zěnme zhīdao wǒ yào lái?

刘京：是和子告诉我的。
Liú Jīng: Shì Hézǐ gàosu wǒ de.

李成日：感谢你们来接我。
Lǐ Chéngrì: Gǎnxiè nǐmen lái jiē wǒ.

和子：我们出去吧！
Hézǐ: Wǒmen chūqu ba!

李成日：等一等，还有贸易
Lǐ Chéngrì: Děng yi děng, hái yǒu màoyì

公司的人接我呢。
gōngsī de rén jiē wǒ ne.

刘京：好，我们在这儿等你。
Liú Jīng: Hǎo, wǒmen zài zhèr děng nǐ.

三　替换与扩展　التبديل والتوسيع

 替换 التبديل

（1）快要<u>起飞</u>了。

上课	考试
开车	毕业

18 路上辛苦了　　كانت الرحلة متعبة

（2）我们先去喝点儿咖啡，　　| 换 | 钱 | 买饮料 |
　　　一会儿再来这儿吧。　　　| 吃 | 东西 | 照相 |
　　　　　　　　　　　　　　　| 喝 | 啤酒 | 看电影 |

（3）是和子告诉我的。　　　　| 刘经理 | 　 | 王兰 |
　　　　　　　　　　　　　　　| 那个留学生 | 　 | 他哥哥 |

2. 扩展　التوسيع

（1）A：他 是 怎么 来的？
　　　　Tā shì zěnme lái de?

　　　B：他（是）坐 出租车 来的。
　　　　Tā (shì) zuò chūzūchē lái de.

（2）火 车 要 开 了，快 上 去 吧。
　　　Huǒchē yào kāi le, kuài shàngqu ba.

四　生词　الكلمات الجديدة

1.	从	cóng	介	مِنْ
2.	飞机	fēijī	名	طائرة
3.	晚点	wǎn diǎn		تأخر
4.	要……了	yào……le		على وشك
5.	起飞	qǐfēi	动	أقلع (الطائرة)
6.	大概	dàgài	副	تقريبا، حوالي

7.	先	xiān	副	أولا
8.	咖啡	kāfēi	名	قهوة
9.	辛苦	xīnkǔ	形	متعب
10.	服务员	fúwùyuán	名	نادل
11.	为什么	wèi shénme		لماذا
12.	一会儿	yíhuìr	数量	لحظة، فترة قصيرة
13.	感谢	gǎnxiè	动	شكر
14.	贸易	màoyì	名	تجارة
15.	开	kāi	动	ساق (السيارة)
16.	毕业	bì yè		تخرّج
17.	饮料	yǐnliào	名	مشروب
18.	啤酒	píjiǔ	名	بيرة
19.	出租车	chūzūchē	名	سيارة أجرة
20.	火车	huǒchē	名	قطار

五 语法 القواعد

1. "要……了"　"要……了"

（1）"要……了"句式表示一个动作或情况很快就要发生。副词"要"表示将要，放在动词或形容词前，句尾加语气助词"了"。"要"前还可加上"就"或"快"，表示时间紧迫。例如：

تشير العبارة "要……了" إلى أن أمرا ما على وشك أن يحدث. تدل كلمة "要" على أن الأمر سيحدث

18 路上辛苦了　　كانت الرحلة متعبة

بعد قليل وتوضع عادة قبل الفعل أو الصفة، بينما توضع أداة صيغة "了" في نهاية الجملة. يمكن أيضا إضافة "就" أو "快" قبل "要" للإشارة إلى ضرورة الاستعجال. مثلا:

① 火车要开了。　　　② 他就要来了。
③ 快要到北京了。

（2）"就要……了"前边可以加时间状语，"快要……了"不行。例如"他明天就要走了"，不能说"他明天快要走了"。

يمكن إضالة أداة الزمان قبل "就要……了"، لكن لا يجوز القول "快要……了". مثلا، يمكن القول "他明天就要走了"، غير أن "他明天快要走了" خطأ.

2. "是……的"　　"是……的"

（1）"是……的"句可用来强调说明已经发生的动作的时间、地点、方式等。"是"放在被强调说明的部分之前，有时可以省略。"的"放在句尾。例如：

تستخدم العبارة "是……的" لتأكيد الزمن الذي يحدث فيه الفعل أو مكانه أو طريقته. توضع "是" قبل المؤكد ويمكن حذفها أحيانا، وتوضع "的" في نهاية الجملة. مثلا:

① 他（是）昨天来的。　　　② 你（是）在哪儿买的？
③ 我（是）坐飞机来的。

（2）"是……的"句有时也可强调动作的施事。例如：

يمكن استخدام "是……的" لتأكيد فاعل الفعل. مثلا:

④ （是）她告诉我的。

六 练习 التمرينات

1. 用"要……了""快要……了"或"就要……了"改写句子
أعد كتابة الجمل باستخدام "要……了"، "快要……了" أو "就要……了"

例 أمثلة 现在是十月，你应该买毛衣了。
→ 天气（快）要冷了，你应该买毛衣了。

（1）八点上课，现在七点五十了，我们快走吧。
→ _____

（2）你再等等，他很快就来。
→ _____

（3）李成日明天回国，我们去看看他吧。
→ _____

（4）饭很快就做好了，你们在这儿吃吧。
→ _____

2. 用"（是）……的"完成对话 أكمل الحوارات التالية باستخدام "(是)……的"

（1）A：这种橘子真好吃，_____？
　　B：是在旁边的商店_____。

（2）A：你给玛丽打电话了吗？
　　B：打了。我是昨天晚上_____。
　　A：她知道开车的时间了吗？
　　B：她昨天上午就知道了。
　　A：_____？
　　B：是刘京告诉她的。

3. 看图用"是……的"句说句子

كوِّن جملا مفيدة مستعينا بالصور باستخدام "是……的"

（1）骑自行车　　　来　　　　　　（2）食堂　　　　吃

（3）上课　　　8点　　　　　　　（4）睡觉　　　　晚上

4. 按照实际情况回答问题　　أجب عن الأسئلة التالية حسب ظروفك

（1）你从哪儿来？你是怎么来的？

（2）你为什么来中国？

5. 听后复述　　استمع وأعد الكلام

　　我从法国来，我是坐飞机来的。我在北京语言大学学习汉语。在法国我没学过汉语，我不会说汉语，也不会写汉字。现在我会说一点儿了，我很高兴。我应该感谢我们的老师。

6. 语音练习　التمرينات الصوتية

(1) 读下列词语：第三声 + 轻声　　النغمة الثالثة + النغمة الساكنة: اقرأ الكلمات التالية

zěnme	（怎么）	wǎnshang	（晚上）
xǐhuan	（喜欢）	jiǎozi	（饺子）
zǎoshang	（早上）	sǎngzi	（嗓子）
jiějie	（姐姐）	nǎinai	（奶奶）
shǒu shang	（手上）	běnzi	（本子）

(2) 常用音节练习　　التمارين على المقاطع الصوتية الكثيرة الاستعمال

he:
- hē jiǔ （喝酒）
- hépíng （和平）
- zhùhè （祝贺）
- suíhe （随和）

wei:
- wēixiǎn （危险）
- zhōuwéi （周围）
- wěidà （伟大）
- wèi shénme （为什么）

19 欢迎你
مرحبا بك

yíngjiē
迎接（2）
استقبال (٢)

一　句子　الجمل

125　别客气。 على الرحب والسعة.
　　Bié kèqi.

126　一点儿也不累。 لست متعبا على الإطلاق.
　　Yìdiǎnr yě bú lèi.

127　您第一次来中国吗？ هل هذه أول مرة زرت فيها الصين؟
　　Nín dì-yī cì lái Zhōngguó ma?

128　我以前来过（中国）两次。
　　Wǒ yǐqián láiguo (Zhōngguó) liǎng cì.
　　زرت الصين مرتين من قبل.

129　这是我们经理给您的礼物。
　　Zhè shì wǒmen jīnglǐ gěi nín de lǐwù.
　　هذه هدية لك من مديرنا.

130　他问您好。 سلّم عليك.
　　Tā wèn nín hǎo.

131　我们在北京饭店请您吃晚饭。
　　Wǒmen zài Běijīng Fàndiàn qǐng nín chī wǎnfàn.
　　ندعوك للعشاء في فندق بكين.

132　我从朋友那儿去饭店。
　　Wǒ cóng péngyou nàr qù fàndiàn.
　　سأذهب إلى الفندق من بيت صديقي.

二 会话

1

王: 您好, 李先生! 我是王大年, 公司的
Wáng: Nín hǎo, Lǐ xiānsheng! Wǒ shì Wáng Dànián, gōngsī de

翻译。
fānyì.

李: 谢谢您来接我。
Lǐ: Xièxie nín lái jiē wǒ.

王: 别客气。路上辛苦了。累了吧?
Wáng: Bié kèqi. Lùshang xīnkǔ le. Lèi le ba?

李: 一点儿也不累, 很顺利。
Lǐ: Yìdiǎnr yě bú lèi, hěn shùnlì.

王: 汽车在外边, 我们送您去饭店。
Wáng: Qìchē zài wàibian, wǒmen sòng nín qù fàndiàn.

李: 我还有两个朋友。
Lǐ: Wǒ hái yǒu liǎng ge péngyou.

王: 那一起走吧。
Wáng: Nà yìqǐ zǒu ba.

李: 谢谢!
Lǐ: Xièxie!

19 欢迎你

2

经理：欢 迎 您，李 先 生！
Jīnglǐ: Huānyíng nín, Lǐ xiānsheng!

李：谢 谢！
Lǐ: Xièxie!

经理：您 第 一 次 来 中 国 吗？
Jīnglǐ: Nín dì-yī cì lái Zhōngguó ma?

李：不，我 以前 来过 两 次。这 是 我 们 经理 给 您 的 礼物。
Lǐ: Bù, wǒ yǐqián láiguo liǎng cì. Zhè shì wǒmen jīnglǐ gěi nín de lǐwù.

经理：麻 烦 您 了。
Jīnglǐ: Máfan nín le.

李：他 问 您 好。
Lǐ: Tā wèn nín hǎo.

经理：谢谢。今 天 我 们 在 北 京 饭 店 请 您 吃 晚 饭。
Jīnglǐ: Xièxie. Jīntiān wǒmen zài Běijīng Fàndiàn qǐng nín chī wǎnfàn.

李：您 太 客 气 了，真 不 好 意 思。
Lǐ: Nín tài kèqi le, zhēn bù hǎoyìsi.

经理：您 有 时 间 吗？
Jīnglǐ: Nín yǒu shíjiān ma?

李：下 午 我 去 朋 友 那 儿，晚 上 没 事。
Lǐ: Xiàwǔ wǒ qù péngyou nàr, wǎnshang méi shì.

经理：我 们 去 接 您。
Jīnglǐ: Wǒmen qù jiē nín.

李：不 用 了，我 可 以 打 车 从 朋 友 那 儿 去。
Lǐ: Búyòng le, wǒ kěyǐ dǎ chē cóng péngyou nàr qù.

三 替换与扩展 التبديل والتوسيع

1. 替换 التبديل

（1）一点儿也不累。

一点儿	不热
一点儿	不慢
一样东西	没买
一分钟	没休息

（2）这是我们经理给您的礼物。

我姐姐	给我	笔
他哥哥	送你	花儿
我朋友	给我	花儿

（3）A：您第一次来中国吗？
　　B：不，我以前来过两次。

吃烤鸭	吃
看京剧	看
来我们学校	来

2. 扩展 التوسيع

（1）这 次 我 来 北 京 很 顺 利。
　　Zhè cì wǒ lái Běijīng hěn shùnlì.

（2）我 寄 给 你 的 快 递 收 到 了 吗？
　　Wǒ jì gěi nǐ de kuàidì shōudào le ma?

（3）我 来 中 国 的 时 候 一 句 汉 语 也 不 会 说。
　　Wǒ lái Zhōngguó de shíhou yí jù Hànyǔ yě bú huì shuō.

四　生词　الكلمات الجديدة

1.	别	bié	副	لا
2.	客气	kèqi	形	كلفة
3.	第	dì		عدد ترتيبي
4.	次	cì	量	مرة
5.	经理	jīnglǐ	名	مدير
6.	礼物	lǐwù	名	هدية
7.	先生	xiānsheng	名	سيد
8.	翻译	fānyì	名/动	مترجم
9.	顺利	shùnlì	形	بسلاسة
10.	外边	wàibian	名	خارج
11.	送	sòng	动	أرسل
12.	以前	yǐqián	名	من قبل
13.	麻烦	máfan	动/形/名	أتعب
14.	不好意思	bù hǎoyìsi		لو سمحت
15.	不用	búyòng	副	لا تتعب نفسك
16.	打车	dǎ chē		ركب سيارة أجرة
17.	热	rè	形	حار
18.	慢	màn	形	بطيء
19.	分钟	fēnzhōng	名	دقيقة
20.	寄	jì	动	أرسل بالبريد
21.	句	jù	量	جملة

五 语 法　القواعد

1. "从""在"的宾语与"这儿""那儿"
المفعول به لـ "从" و "在"، مع "这儿" "那儿"

"从""在"的宾语如果是一个指人的名词或代词，必须在它后边加"这儿"或"那儿"才能表示处所。例如：

إذا كان المفعول به لـ "从" أو "在" اسما أو ضميرا يشير إلى شخص، يجب إضافة "这儿" أو "那儿" بعده للإشارة إلى المكان. مثلا:

① 他从我这儿去书店。　② 我从张大夫那儿来。
③ 我妹妹在玛丽那儿玩儿。　④ 我的笔在他那儿。

2. 动量补语　مكمل عدد المرات

（1）动量词和数词结合，放在动词后边，说明动作发生的次数，构成动量补语。例如：

يوضع مكمل عدد المرات بعد فعل للإشارة إلى عدد مرات الفعل، وهو متكون من كلمة الكمية والعدد. مثلا:

① 他来过一次。　② 我找过他两次，他都不在。

（2）"一下儿"作动量补语，除了可以表示动作的次数外，也可以表示动作经历的时间短暂，并带有轻松随便的意味。例如：

تستخدم "一下儿" كمكمل عدد المرات للإشارة إلى عدد مرات الفعل، وتدل أيضا على أن الفعل يستمر لفترة قصيرة وبأسلوب غير رسمي. مثلا:

③ 给你们介绍一下儿。　④ 你帮我拿一下儿。

3. 动词、动词短语、主谓短语等作定语
استخدام فعل، أو عبارة فعلية أو مركب الفاعل والخبر كصفة

动词、动词短语、主谓短语、介词短语作定语时，必须加"的"。例如：
عندما يستخدم فعل، أو عبارة فعلية، أو مركب الفاعل والخبر كصفة، لا بد من إضافة "的". مثلا：

① 来的人很多。　　　　② 学习汉语的学生不少。
③ 这是经理给您的信。　　④ 从东京来的飞机下午到。

六 练习 التمرينات

1. 用下列动词造句　　كون جملا مفيدة باستخدام الأفعال التالية

接　　送　　给　　收　　换

2. 给词语选择适当的位置（有的在 A 在 B 都行）
ضع الكلمات التالية في المكان المناسب (قد يكون A و B كلاهما صحيحا)

（1）我坐过 A 11 路汽车 B。　　　　（两次）

（2）她去过 A 上海 B。　　　　　　　（三次）

（3）动物园我 A 去过 B。　　　　　　（两次）

（4）我哥哥的孩子吃过 A 烤鸭 B。　　（一次）

（5）你帮我 A 拿 B。　　　　　　　　（一下儿）

3. 用"一……也……"改写句子　　أعد كتابة الجمل التالية باستخدام "一……也……"

例 أمثلة　我没休息。（天）➡ 我一天也没休息。

（1）今天我没喝啤酒。（瓶） → _____

（2）我没去过动物园。（次） → _____

（3）在北京他没骑过自行车。（次） → _____

（4）今天我没带钱。（分） → _____

（5）他不认识汉字。（个） → _____

4. 按照实际情况回答问题　أجب عن الأسئلة التالية حسب ظروفك

（1）你来过中国吗？现在是第几次来？

（2）这本书有多少课？这是第几课？

（3）你一天上几节（jié，حصة درس）课？现在是第几节课？

（4）你们宿舍楼有几层？你住在几层？

5. 情景会话　المحادثة

（1）去机场接朋友。

استقبال صديق في المطار.

提示：问候路上怎么样；告诉他/她现在去哪儿、这几天做什么等。

الاقتراح: اسأله عن رحلته، وأخبره إلى أين تذهبون وماذا ستفعلون هذه الأيام.

（2）去火车站接朋友，火车晚点了。

استقبال صديق في محطة القطار لكن كان القطار متأخر.

提示：问为什么还没到、什么时候能到等。

الاقتراح: اسأله لماذا لم يصل بعد ومتى سيصل.

6. 听后复述　استمع وأعد الكلام

上星期五我去大同（Dàtóng, مدينة داتونغ في مقاطعة شانشي）了。我是坐火车去的，今天早上回来的。我第一次去大同。我很喜欢这个地方。

从北京到大同很近。坐高铁去大概要两个小时（xiǎoshí, ساعة）。现在去，不冷也不热。下星期你也去吧。

7. 语音练习　التمرينات الصوتية

（1）读下列词语：第四声 + 第一声　اقرأ الكلمات التالية: النغمة الرابعة + النغمة الأولى

qìchē	（汽车）	lùyīn	（录音）
dàyī	（大衣）	chàng gē	（唱歌）
diàndēng	（电灯）	dàjiā	（大家）
hùxiāng	（互相）	hòutiān	（后天）

(2) 常用音节练习　　التمارين على المقاطع الصوتية الكثيرة الاستعمال

ye			qian		
	yēzi	（椰子）		qiānwàn	（千万）
	yéye	（爷爷）		qiánbian	（前边）
	yuányě	（原野）		qiǎnxiǎn	（浅显）
	shùyè	（树叶）		dào qiàn	（道歉）

20 为我们的友谊干杯

zhāodài
招待
الضيافة

لنشرب نخب الصداقة

一 句子 الجمل

133 请这儿坐。 تفضل اجلس هنا.
Qǐng zhèr zuò.

134 我过得很愉快。 قضيت وقتا جميلا.
Wǒ guò de hěn yúkuài.

135 您喜欢喝什么酒？
Nín xǐhuan hē shénme jiǔ?
ما نوع من النبيذ تفضل؟

136 为我们的友谊干杯！ ①
Wèi wǒmen de yǒuyì gān bēi!
لنشرب نخب الصداقة!

137 这个鱼做得真好吃。 السمك شهي جدا.
Zhège yú zuò de zhēn hǎochī.

138 你们别客气，像在家一样。 لست جيدا في الطهي.
Nǐmen bié kèqi, xiàng zài jiā yíyàng.
بيتي بيتكم.

139 我做菜做得不好。 لست جيدا في الطهي.
Wǒ zuò cài zuò de bù hǎo.

140 你们慢慢吃。 ② استمتعوا.
Nǐmen mànmàn chī.

二 会话 الحوار

1

翻译：李 先生，请 这儿 坐。
Fānyì: Lǐ xiānsheng, qǐng zhèr zuò.

李：谢谢！
Lǐ: Xièxie!

经理：这 两 天 过 得 怎么样？
Jīnglǐ: Zhè liǎng tiān guò de zěnmeyàng?

李：过 得 很 愉快。
Lǐ: Guò de hěn yúkuài.

翻译：您 喜欢 喝 什么 酒？
Fānyì: Nín xǐhuan hē shénme jiǔ?

李：啤酒 吧。
Lǐ: Píjiǔ ba.

经理：您 尝 尝 这个 菜 怎么样。
Jīnglǐ: Nín chángchang zhège cài zěnmeyàng.

李：很 好吃。
Lǐ: Hěn hǎochī.

经理：吃 啊，别 客气。
Jīnglǐ: Chī a, bié kèqi.

李：不 客气。
Lǐ: Bú kèqi.

经理：来，为 我们 的 友谊 干 杯！
Jīnglǐ: Lái, wèi wǒmen de yǒuyì gān bēi!

20 为我们的友谊干杯

李: 为大家的健康干杯!
Lǐ: Wèi dàjiā de jiànkāng gān bēi!

翻译: 干杯!
Fānyì: Gān bēi!

2

刘京: 我们先喝酒吧。
Liú Jīng: Wǒmen xiān hē jiǔ ba.

李成日: 这个鱼做得真好吃。
Lǐ Chéngrì: Zhège yú zuò de zhēn hǎochī.

刘京妈妈: 你们别客气,像在家一样。
Liú Jīng māma: Nǐmen bié kèqi, xiàng zài jiā yíyàng.

李成日: 我们不客气。
Lǐ Chéngrì: Wǒmen bú kèqi.

刘京妈妈: 吃饺子吧。
Liú Jīng māma: Chī jiǎozi ba.

和子: 我最喜欢吃饺子了。
Hézǐ: Wǒ zuì xǐhuan chī jiǎozi le.

刘京: 听说你很会做日本菜。
Liú Jīng: Tīngshuō nǐ hěn huì zuò Rìběncài.

和子: 哪儿啊,③我做得不好。
Hézǐ: Nǎr a, wǒ zuò de bù hǎo.

刘京: 你怎么不吃了?
Liú Jīng: Nǐ zěnme bù chī le?

和子: 吃饱了。你们慢慢吃。
Hézǐ: Chī bǎo le. Nǐmen mànmàn chī.

注释 الملاحظات

❶ 为我们的友谊干杯! لنشرب نخب الصداقة!

介词"为"用来说明动作的目的，必须放在动词前边。

تستخدم الأداة "为" ليشير إلى هدف الفعل، ويجب وضعها قبل الفعل.

❷ 你们慢慢吃。 استمتعوا.

这是客套话。自己吃完而别人还未吃完，就说"慢慢吃"或"慢用"。

عبارة مؤدبة. إذا كنت قد انتهيت من الأكل بينما كان الآخرون ما زالوا يأكلون، يمكنك أن تقول "慢慢吃" أو "慢用".

❸ 哪儿啊。 لا.

"哪儿啊"表示否定的意思。常用来回答别人的夸奖，表示自己没有对方说的那么好。

"哪儿啊" عبارة نفي للإجابة على مدح الآخرين لك. تدل على التواضع تعني أنك لا تستحق هذا المدح.

三 替换与扩展 التبديل والتوسيع

1. 替换 التبديل

(1) <u>我</u> 过得很<u>愉快</u>。 ▶◀

我们	生活	好
他	说	快
张先生	休息	不错
大卫	睡	晚

(2) 这<u>个</u><u>鱼</u>做得真<u>好吃</u>。 ▶◀

件	衣服	洗	干净
张	照片	照	好
辆	汽车	开	快

做	饺子	好吃
写	汉字	好看
翻译	生词	快

（3）我 做 菜 做 得 不 好。

2. 扩展　التوسيع

（1）他 汉语 说 得 真 好，像 中国人 一样。
　　　Tā Hànyǔ shuō de zhēn hǎo, xiàng Zhōngguórén yíyàng.

（2）你 说 得 太 快，我 没 听懂，请 你 说 得 慢
　　　Nǐ shuō de tài kuài, wǒ méi tīngdǒng, qǐng nǐ shuō de màn
　　　一点儿。
　　　yìdiǎnr.

四　生　词　الكلمات الجديدة

1.	过	guò	动	قضى
2.	得	de	助	تستخدم بعد فعل أو صفة
3.	愉快	yúkuài	形	مسرور، فرح
4.	喜欢	xǐhuan	动	أحبَّ، أعجب ب
5.	为……干杯	wèi……gān bēi		شرب نخب
6.	友谊	yǒuyì	名	صداقة
7.	鱼	yú	名	سمك
8.	像	xiàng	动	مثل، يشبه
9.	一样	yíyàng	形	نفس، تشابه

10.	大家	dàjiā	代	جميع، كل
11.	健康	jiànkāng	形	صحة
12.	饺子	jiǎozi	名	جاوزي (عجينة محشوة)
13.	饱	bǎo	形	شبعان
14.	生活	shēnghuó	动/名	حياة
15.	睡	shuì	动	نام
16.	晚	wǎn	形	متأخر
17.	洗	xǐ	动	غسل
18.	干净	gānjìng	形	نظيف
19.	照片	zhàopiàn	名	صورة
20.	辆	liàng	量	كلمة كمية للسيارة

五 语 法 القواعد

1. 状态补语 مكمل الحال

（1）表示动作状态的补语，叫状态补语。简单的状态补语一般由形容词充任。动词和状态补语之间要用结构助词"得"来连接。

يشير مكمل الحال إلى حال الفعل. يتكون مكمل حال بسيط من صفة. ويجب ربط الفعل ومكمل الحال بأداة "得".

① 我们休息得很好。

② 玛丽、大卫他们玩儿得很愉快。

（2）状态补语的否定式是在补语的前边加否定副词"不"。注意："不"不能放在动词的前边。例如：

لتشكيل صيغة النفي لمكمل الحال، يجب إضافة أداة النفي "不" قبل المكمل. انتبه: لا يجوز وضع "不" قبل الفعل. مثلا:

③ 他来得不早。　　　　④ 他生活得不太好。

（3）带状态补语的正反疑问句是并列状态补语的肯定形式和否定形式。例如：

يمكن تكوين جملة استفهامية للتخيير فيها مكمل الحال بوضع الصيغة المثبتة والمنفية لمكمل الحال معا. مثلا:

⑤ 你休息得好不好？　　⑥ 这个鱼做得好吃不好吃？

2. 状态补语与宾语　　مكمل الحال والمفعول به

动词后边如果带宾语，再有状态补语时，必须在宾语之后、"得"和状态补语之前重复动词。例如：

إذا يأتي بعد الفعل مفعول به ثم مكمل الحال، لا بد من تكرار هذا الفعل بعد المفعول به وقبل "得" ومكمل الحال. مثلا:

① 他说汉语说得很好。　　② 她做饭做得很不错。
③ 我写汉字写得不太好。

六 练习　التمرينات

1. 熟读下列短语并选择五个造句
   اقرأ العبارات التالية، ثم اختر خمسا منها وكون بها جملا مفيدة

起得很早	走得很快	玩儿得很高兴
生活得很愉快	穿得很多	演得好极了
休息得不太好	来得不晚	写得不太慢

2. 用状态补语完成句子 أكمل الجمل التالية باستخدام مكمل الحال

（1）他洗衣服_____。

（2）我姐姐做鱼_____。

（3）小王开车_____。

（4）他划船_____。

3. 完成对话（注意用上带"得"的状态补语）
أكمل الحوارات التالية (باستخدام مكمل الحال مع "得")

（1）A：你喜欢吃鱼吗？这鱼做_____？

　　B：_____很好吃。

（2）A：今天的京剧演_____？

　　B：_____很好。

（3）A：昨天晚上你几点睡的？

　　B：十二点。

　　A：_____。你早上起得也很晚吧？

　　B：不，_____。

4. 用"在""给""得""像……一样""跟……一起"填空
املأ الفراغات باستخدام "在" "给" "得" "像……一样" "跟……一起"

王兰、和子都_____北京语言大学学习，她们是好朋友，_____姐姐和妹妹_____。上星期我_____她们_____去北海公园玩儿。我_____她们照相，照了很多，都照_____很好。那天我们玩儿_____很愉快。

5. 谈谈你的一天（用上带"得"的状态补语）
   حدثنا عن يومك (باستخدام مكمل الحال مع "得")

   提示：（1）你什么时候起床？什么时候去教室？什么时候睡觉？早还是晚？

   （2）在这儿学汉语，你学得怎么样？生活得愉快不愉快？

   الاقتراح: (١) متى تستيقظ في الصباح؟ متى تذهب إلى حجرة الدرس؟ متى تنام؟ هل تنام مبكرا أم متأخرا؟

   (٢) كيف دراستك للغة الصينية هنا؟ هل حياتك هنا سعيدة؟

6. 听后复述　استمع وأعد الكلام

   昨天我和几个小朋友（xiǎopéngyou, أطفال）去划船了。孩子们（men, تستخدم بعد اسم أو ضمير ليكون صيغة الجمع）很喜欢划船，他们划得很好。我坐在船上高兴极了，也像孩子一样玩儿。这一天过得真有意思！

7. 语音练习　التمرينات الصوتية

(1) 读下列词语：第四声 + 第二声　اقرأ الكلمات التالية: النغمة الرابعة + النغمة الثانية	
bù lái　（不来）	liànxí　（练习）
qùnián　（去年）	fùxí　（复习）
rìchéng　（日程）	wèntí　（问题）
xìngmíng　（姓名）	gào bié　（告别）
sòng xíng　（送行）	kètáng　（课堂）

(2) 常用音节练习　التمارين على المقاطع الصوتية الكثيرة الاستعمال

gong	gōngrén（工人）		jiu	jiūjìng （究竟）	
	gǒnggù（巩固）			hǎojiǔ （好久）	
	yígòng （一共）			chéngjiù （成就）	

复习（四）
المراجعة (٤)

一　会 话　الحوار

1

〔约翰（Yuēhàn, جون）的中国朋友今天从北京来，约翰到机场去接他〕

约翰：啊，小王，路上辛苦了！

王　：不辛苦。谢谢你来接我。

约翰：别客气。收到你的电子邮件，知道你要来旧金山（Jiùjīnshān, سان فرانسيسكو），我高兴极了。

王　：我很高兴能见到（jiàndào, رؤية）老（lǎo, قديم）朋友。刘小华（Liú Xiǎohuá, ليو شياو هوا）、珍妮（Zhēnnī, جيني）他们都好吗？

约翰：都很好。他们很忙，今天没时间来接你。

王　：我们都是老朋友了，不用客气。

约翰：为了欢迎你来，星期六我们请你在中国饭店吃饭。

王　：谢谢！给你们添（tiān, أعطى、جلب）麻烦了。

〔在中国饭店〕

珍妮：小王怎么还没来？

刘：还没到时间。

珍妮：他第一次来旧金山，能找到这儿吗？

约翰：这个饭店很有名，能找到。

刘：啊，你们看，小王来了！

约翰：小王，快来！这儿坐。

珍妮：三年没见（jiàn, لقاء），你跟以前一样。

王：是吗？

珍妮：这是菜单（càidān, قائمة الطعام）。小王，你想吃什么？

约翰：我知道，他喜欢吃糖醋鱼（tángcùyú, سمك بالسكر والخل），还有……

王：你们太客气了，我真不好意思。

刘：我们先喝酒吧。

约翰：来，为我们的友谊干杯！

珍妮、刘、王：干杯！

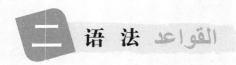 语　法　القواعد

（一）句子的四种类型　أربعة أنواع من الجملة

根据谓语主要成分的不同，可以把句子分为四种类型。

يمكن تقسيم الجمل إلى أربعة أنواع حسب اختلاف الخبر فيها.

1. 名词谓语句 جملة خبرها اسم

由名词或名词结构、数量词等直接作谓语的句子叫名词谓语句。例如：

هي جملة يتكون خبرها من اسم، أو عبارة اسمية، أو كلمة الكمية، أو العدد. مثلا:

① 今天星期六。　　② 他今年二十岁。
③ 现在两点钟。　　④ 这本书六十八块五。

2. 动词谓语句 جملة خبرها فعل

谓语的主要成分是动词的句子叫动词谓语句。例如：

هي جملة يتكون الجزء الرئيسي لخبرها من فعل. مثلا:

① 我写汉字。　　　② 他想学习汉语。
③ 他来中国旅行。　④ 玛丽和大卫去看电影。

3. 形容词谓语句 جملة خبرها صفة

形容词谓语句用来对人或事物的状态加以描写，有时也说明事物的变化。例如：

تستخدم جملة خبرها صفة لتصف حال الشخص أو الأمر أو تغير حال الأمر. مثلا:

① 天气热了。　　　② 张老师很忙。
③ 这本汉语书很便宜。

4. 主谓谓语句 جملة خبرها فاعل وخبر

主谓谓语句中的谓语本身也是一个主谓短语，主要用来说明或者描写主语。例如：

يتكون خبر هذا النوع من الجملة من مركب فاعل وخبر، تستخدم الجملة لتصف الفاعل. مثلا:

① 我爸爸身体很好。　② 他工作很忙。
③ 今天天气很不错。

（二）提问的六种方法　ستة أساليب لطرح السؤال

1. 用"吗"的疑问句　جملة استفهامية مع "吗"

这是最常用的提问方法，对可能的回答不作预先估计。例如：

هي الجملة الاستفهامية الأكثر استعمالا. وتكون الإجابة لها غير معروف مقدما. مثلا:

> ① 你是学生吗？　　　② 你喜欢看中国电影吗？
> ③ 你喝咖啡吗？

2. 正反疑问句　جملة استفهامية للتخيير

这种疑问句用并列肯定形式和否定形式提问。例如：

توضع في هذا النوع من الجملة الصيغة المثبتة والمنفية معا لطرح السؤال. مثلا:

> ① 你认识不认识他？　　② 你们学校大不大？
> ③ 你有没有弟弟？　　　④ 明天你去不去长城？

3. 用疑问代词的疑问句　جملة استفهامية مع الأداة الاستفهامية

用"谁""什么""哪""哪儿""怎么样""多少""几"等疑问代词提问。例如：

تستخدم الأداة الاستفهامية مثل "谁" "什么" "哪" "哪儿" "怎么样" "多少" "几" وغيرها لطرح السؤال. مثلا:

> ① 谁是你们的老师？　　② 哪本书是你的？
> ③ 他身体怎么样？　　　④ 今天星期几？

4. 用"还是"的选择疑问句　جملة استفهامية للتخيير مع أداة "还是"

当提问人估计到有两种答案的时候，就用"还是"构成选择疑问句来提问。例如：

عندما كان الذي يطرح السؤال يتوقع أن هناك قد يكون إجابتان، يمكن استخدام أداة "还是" لطرح السؤال. مثلا:

> ① 你上午去还是下午去？　② 他是美国人还是法国人？
> ③ 你去看电影还是去看京剧？

5. 用"呢"的省略式疑问句　جملة استفهامية مع "呢"

① 我很好，你呢？　　　② 大卫看电视，玛丽呢？

6. 用"……，好吗？"提问　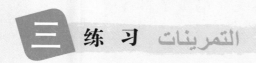

这种句子常常用于提出建议，征求对方意见。例如：

يستخدم مثل هذا النوع من السؤال لطرح اقتراح والسؤال عن رأي الطرف الآخر. مثلا:

我们明天去，好吗？

三　练习　التمرينات

1. 回答问题　أجب عن الأسئلة

（1）用带简单趋向补语的句子回答问题　أجب عن الأسئلة بجملة فيها مكمل الاتجاه

① 你带来词典了吗？
② 你妈妈寄来快递了吗？
③ 昨天下午你出去了吗？
④ 他买来橘子了吗？

（2）按照实际情况回答问题　أجب عن الأسئلة التالية حسب ظروفك

① 你是从哪儿来中国的？怎么来的？
② 你在哪儿上课？你骑自行车去上课吗？
③ 你常常看电影还是常常看电视？
④ 你们学校中国学生多还是外国留学生多？
⑤ 你去过长城吗？你玩儿得高兴不高兴？你照相了吗？照得怎么样？

2. 用下面的句子练习会话　أجر محادثة باستخدام الجمل التالية

（1）感谢　الشكر

谢谢！
感谢你……
麻烦你了！

（2）迎接　الاستقبال

欢迎您！
路上辛苦了。
路上顺利吗？
什么时候到的？

（3）招待　الضيافة

你喜欢什么酒？　　　很好吃。
别客气，多吃点儿。　不吃（喝）了。
为……干杯！　　　　吃饱了。

3. 语音练习　التمرينات الصوتية

（1）声调练习：第四声+第四声　اقرأ الكلمات التالية: النغمة الرابعة + النغمة الرابعة

shàng kè　　（上课）

zài jiàoshì shàng kè　　（在教室上课）

xiànzài zài jiàoshì shàng kè　　（现在在教室上课）

bì yè　　（毕业）

xià ge yuè bì yè　　（下个月毕业）

dàgài xià ge yuè bì yè　　（大概下个月毕业）

（2）朗读会话　اقرأ الحوار التالي

A: Wǒ zuì xǐhuan dàxióngmāo.

B: Wǒ yě xǐhuan dàxióngmāo.

A: Wǒmen qù dòngwùyuán ba.

B: Hǎojí le! Xiàwǔ jiù qù.

四 阅读短文 اقرأ المقالة التالية

阿里（Ālǐ, علي）：

你好！听说你要去北京语言大学学习了，我很高兴。我给你介绍一下儿那个学校。

语言大学不太大，有很多留学生，也有中国学生。留学生学习汉语，中国学生学习外语（wàiyǔ, لغات أجنبية）。

学校里有很多楼。你可以住在留学生宿舍。留学生食堂就在宿舍楼旁边。他们做的饭菜还不错。

学校里有个小银行，那儿可以换钱、存钱（cún qián, أودع المال），很方便。

离学校不远有个商店，那儿东西很多，也很便宜。我在语言大学的时候，常去那儿买东西。

你知道吗？娜依（Nàyī, ناي）就在北京大学学习。北大离语言大学很近。你有时间可以去那儿找她。

娜依的哥哥毕业了。他上个月从英国回来，现在还没找到工作呢。他问你好。

好，不多写了。等你回信。

祝（zhù, تمنّى）你愉快！

你的朋友莎菲（Shāfēi, شافي）

2021 年 5 月 18 日

词汇表　فهرس المفردات

A

阿拉伯语	Ālābóyǔ	名	13
啊	a	助	17
哎呀	āiyā	叹	15
爱人	àiren	名	7

B

八	bā	数	2
爸爸	bàba	名	1
吧	ba	助	8
百	bǎi	数	14
半	bàn	数	8
帮	bāng	动	15
饱	bǎo	形	20
北边	běibian	名	10
笔	bǐ	名	13
毕业	bì yè		18
别	bié	副	19
别的	bié de		11
不	bù	副	3
不错	búcuò	形	15
不好意思	bù hǎoyìsi		19
不用	búyòng	副	19

C

菜	cài	名	16
操场	cāochǎng	名	10
层	céng	量	9
茶	chá	名	16
差	chà	动	8
长	cháng	形	12
尝	cháng	动	11
常（常）	cháng (cháng)	副	9
超市	chāoshì	名	5
车	chē	名	10
吃	chī	动	8
出去	chūqu		17
出租车	chūzūchē	名	18
穿	chuān	动	12
船	chuán	名	17
床	chuáng	名	8
词典	cídiǎn	名	16
次	cì	量	19
从	cóng	介	18

		D			电脑	diànnǎo	名	7
打	dǎ		动	8	电视	diànshì	名	6
打	dǎ		动	15	电影	diànyǐng	名	6
打车	dǎ chē			19	电子邮件	diànzǐ yóujiàn		11
大	dà		形	12	东边	dōngbian	名	10
大概	dàgài		副	18	东西	dōngxi	名	6
大家	dàjiā		代	20	懂	dǒng	动	13
大熊猫	dàxióngmāo		名	17	动物园	dòngwùyuán	名	17
大学	dàxué		名	5	都	dōu	副	1
大夫	dàifu		名	4	短	duǎn	形	12
带	dài		动	13	对	duì	形/介/动	9
当然	dāngrán		副	16	多	duō	形	11
到	dào		动	13	多少	duōshao	代	9
到	dào		动	15			**E**	
的	de		助	5	俄语	Éyǔ	名	13
得	de		助	20	二	èr	数	2
等	děng		动	14			**F**	
地方	dìfang		名	10	发	fā	动	11
地铁	dìtiě		名	13	法语	Fǎyǔ	名	13
弟弟	dìdi		名	3	翻译	fānyì	名/动	19
第	dì			19	饭	fàn	名	8
点	diǎn		量	8	饭店	fàndiàn	名	14
电	diàn		名	15	房间	fángjiān	名	9
电话	diànhuà		名	14	飞机	fēijī	名	18

费	fèi	名/动	15
分	fēn	量	8
分钟	fēnzhōng	名	19
服务员	fúwùyuán	名	18
付	fù	动	11

G

干净	gānjìng	形	20
感谢	gǎnxiè	动	18
高兴	gāoxìng	形	4
告诉	gàosu	动	16
哥哥	gēge	名	3
个	gè	量	4
跟	gēn	介	17
工作	gōngzuò	动/名	3
公交车	gōngjiāochē	名	10
公司	gōngsī	名	7
公园	gōngyuán	名	9
关机	guān jī		15
贵	guì	形	11
贵姓	guìxìng	名	4
过	guò	动	20
过	guo	助	16

H

还	hái	副	11
还是	háishi	连	17
孩子	háizi	名	7
韩语	Hányǔ	名	7
汉语	Hànyǔ	名	7
好	hǎo	形	1
好吃	hǎochī	形	12
好看	hǎokàn	形	15
号	hào	量	9
号	hào	名	13
号（日）	hào (rì)	量	2
号码	hàomǎ	名	14
喝	hē	动	11
和	hé	连	7
很	hěn	副	1
护士	hùshi	名	7
花	huā	动	14
花（儿）	huā (r)	名	8
划	huá	动	17
欢迎	huānyíng	动	9
换	huàn	动	13
回	huí	动	5
会	huì	能愿/动	13
火车	huǒchē	名	18

J

机场	jīchǎng	名	17
……极了	……jí le		12
几	jǐ	代	6
寄	jì	动	19
家	jiā	名	5
价钱	jiàqian	名	16
件	jiàn	量	12
健康	jiànkāng	形	20
交	jiāo	动	15
饺子	jiǎozi	名	20
叫	jiào	动	4
教室	jiàoshì	名	5
接	jiē	动	17
结婚	jié hūn		7
姐姐	jiějie	名	3
介绍	jièshào	动	5
斤	jīn	量	11
今年	jīnnián	名	3
今天	jīntiān	名	2
进	jìn	动	5
近	jìn	形	10
京剧	jīngjù	名	16
经理	jīnglǐ	名	19

九	jiǔ	数	2
酒	jiǔ	名	16
酒吧	jiǔbā	名	5
就	jiù	副	10
橘子	júzi	名	11
句	jù	量	19

K

咖啡	kāfēi	名	18
卡	kǎ	名	13
开	kāi	动	18
看	kàn	动	5
考试	kǎo shì		17
烤鸭	kǎoyā	名	16
可以	kěyǐ	能愿	12
刻	kè	量	8
客气	kèqi	形	19
口	kǒu	量	7
块（元）	kuài (yuán)	量	11
快	kuài	形	14
快递	kuàidì	名	16

L

来	lái	动	1
老师	lǎoshī	名	2
了	le	助	7

累	lèi	形	3
冷	lěng	形	12
离	lí	动	10
礼物	lǐwù	名	19
里	li	名	14
练习	liànxí	名/动	16
两	liǎng	数	7
辆	liàng	量	20
〇（零）	líng	数	3
留学生	liúxuéshēng	名	4
六	liù	数	2
楼	lóu	名	9
录音	lùyīn	名	11
路	lù	名	13
路	lù	名	9

M

妈妈	māma	名	1
麻烦	máfan	动/形/名	19
吗	ma	助	1
买	mǎi	动	6
慢	màn	形	19
忙	máng	形	3
毛（角）	máo (jiǎo)	量	11
毛衣	máoyī	名	12

贸易	màoyì	名	18
没有	méiyǒu	动	7
美元	měiyuán	名	14
妹妹	mèimei	名	3
名菜	míng cài		16
名字	míngzi	名	4
明年	míngnián	名	3
明天	míngtiān	名	3

N

拿	ná	动	15
哪儿	nǎr	代	5
那	nà	代	4
那儿	nàr	代	10
南边	nánbian	名	10
呢	ne	助	3
能	néng	能愿	14
你	nǐ	代	1
你好	nǐ hǎo		1
你们	nǐmen	代	1
年	nián	名	3
念	niàn	动	14
您	nín	代	2

P

旁边	pángbiān	名	9

朋友	péngyou	名	4		日语	Rìyǔ	名	7
啤酒	píjiǔ	名	18		**S**			
便宜	piányi	形	11		三	sān	数	2
苹果	píngguǒ	名	11		商店	shāngdiàn	名	5
瓶	píng	名	11		上	shàng	名	17
Q					上课	shàng kè		7
七	qī	数	2		上网	shàng wǎng		7
骑	qí	动	17		上午	shàngwǔ	名	6
起	qǐ	动	8		少	shǎo	形	12
起飞	qǐfēi	动	18		谁	shéi / shuí	代	5
签	qiān	动	14		身体	shēntǐ	名	2
前	qián	名	10		什么	shénme	代	4
前边	qiánbian	名	10		生词	shēngcí	名	12
钱	qián	名	11		生活	shēnghuó	动/名	20
钱包	qiánbāo	名	13		生日	shēngrì	名	6
请	qǐng	动	5		十	shí	数	2
请问	qǐngwèn	动	10		时候	shíhou	名	8
去	qù	动	5		时间	shíjiān	名	14
去年	qùnián	名	17		食堂	shítáng	名	8
R					事	shì	名	16
热	rè	形	19		试	shì	动	12
人	rén	名	4		是	shì	动	4
人民币	rénmínbì	名	14		收	shōu	动	16
认识	rènshi	动	4		手机	shǒujī	名	7

售货员	shòuhuòyuán	名	11
书	shū	名	6
书店	shūdiàn	名	6
数	shǔ	动	14
数	shù	名	14
刷	shuā	动	13
水	shuǐ	名	8
睡	shuì	动	20
睡觉	shuì jiào		8
顺利	shùnlì	形	19
说	shuō	动	13
四	sì	数	2
送	sòng	动	19
宿舍	sùshè	名	5
岁	suì	量	6

T

他	tā	代	1
他们	tāmen	代	1
她	tā	代	1
太	tài	副	3
天	tiān	名	12
天气	tiānqì	名	17
挑	tiāo	动	15
条	tiáo	量	17

听	tīng	动	5
听说	tīngshuō	动	14
通	tōng	动	15
投币	tóu bì		13

W

外边	wàibian	名	19
外卖	wàimài	名	12
完	wán	动	15
玩儿	wánr	动	9
晚	wǎn	形	20
晚点	wǎn diǎn		18
晚饭	wǎnfàn	名	8
晚上	wǎnshang	名	6
网	wǎng	名	7
网球	wǎngqiú	名	8
往	wǎng	介/动	10
微信	wēixìn	名	6
为……	wèi……		20
干杯	gān bēi		
为什么	wèi shénme		18
问	wèn	动	9
我	wǒ	代	1
我们	wǒmen	代	1
五	wǔ	数	2

午饭	wǔfàn	名	8

X

西边	xībian	名	10
洗	xǐ	动	20
喜欢	xǐhuan	动	20
下	xià	名	17
下课	xià kè		7
下午	xiàwǔ	名	6
先	xiān	副	18
先生	xiānsheng	名	19
鲜花儿	xiānhuār	名	15
现在	xiànzài	名	8
线	xiàn	名	13
想	xiǎng	能愿/动	12
像	xiàng	动	20
小	xiǎo	形	12
谢谢	xièxie	动	2
辛苦	xīnkǔ	形	18
新	xīn	形	15
星期	xīngqī	名	6
星期天（星期日）	xīngqītiān (xīngqīrì)	名	6
行	xíng	动/形	16
姓	xìng	动/名	4
休息	xiūxi	动	5
学	xué	动	17
学生	xuésheng	名	4
学习	xuéxí	动	7
学校	xuéxiào	名	9

Y

演	yǎn	动	16
要……了	yào……le		18
也	yě	副	1
一	yī	数	2
一点儿	yìdiǎnr	数量	13
一会儿	yíhuìr	数量	18
一起	yìqǐ	副	9
一下儿	yíxiàr	数量	5
一样	yíyàng	形	20
衣服	yīfu	名	12
以后	yǐhòu	名	16
以前	yǐqián	名	19
音乐	yīnyuè	名	6
银行	yínháng	名	7
饮料	yǐnliào	名	18
英语	Yīngyǔ	名	7
应该	yīnggāi	能愿	16
营业员	yíngyèyuán	名	14

邮局	yóujú	名	9		这	zhè	代	4
友谊	yǒuyì	名	20		这儿	zhèr	代	10
有	yǒu	动	7		这样	zhèyàng	代	14
有意思	yǒu yìsi		16		真	zhēn	形/副	15
鱼	yú	名	20		知道	zhīdao	动	9
愉快	yúkuài	形	20		职员	zhíyuán	名	7
远	yuǎn	形	10		种	zhǒng	量	11
月	yuè	名	3		住	zhù	动	9

Z

					自行车	zìxíngchē	名	17
杂技	zájì	名	16		走	zǒu	动	10
再	zài	副	12		最	zuì	副	17
再见	zàijiàn	动	2		昨天	zuótiān	名	6
在	zài	动/介	5		坐	zuò	动	10
早	zǎo	形	2		做	zuò	动	6
早饭	zǎofàn	名	8					
早上	zǎoshang	名	8					
怎么	zěnme	代	10					
怎么样	zěnmeyàng	代	12					
站	zhàn	名	13					
找	zhǎo	动	9					
照	zhào	动	15					
照片	zhàopiàn	名	20					
照相	zhào xiàng		15					
照相机	zhàoxiàngjī	名	15					

专名 أسماء العلم

百货大楼	Bǎihuò Dàlóu	10
北京	Běijīng	9
北京大学	Běijīng Dàxué	5
北京饭店	Běijīng Fàndiàn	9
北京语言大学	Běijīng Yǔyán Dàxué	7
长城	Chángchéng	8
大卫	Dàwèi	1
东京	Dōngjīng	15
法国	Fǎguó	13
韩国	Hánguó	13
（可口）可乐	(Kěkǒu-) kělè	11
李	Lǐ	2
刘京	Liú Jīng	1
玛丽	Mǎlì	1
美国	Měiguó	4
清华大学	Qīnghuá Dàxué	9
人民剧场	Rénmín Jùchǎng	16
日本	Rìběn	13
山下和子	Shānxià Hézǐ	5
上海	Shànghǎi	9
天安门	Tiān'ānmén	10
王	Wáng	2
王府井	Wángfǔjǐng	10
王兰	Wáng Lán	1
王林	Wáng Lín	5
西单	Xīdān	13
小英	Xiǎoyīng	5
学院路	Xuéyuàn Lù	9
英国	Yīngguó	13
张	Zhāng	2
张丽英	Zhāng Lìyīng	6

阿拉伯文注释本
المشروح باللغة العربية

第四版
الطبعة الرابعة

汉语会话301句 练习册
上册

المحادثة باللغة الصينية 301 جملة
كراسة التمارين

الجزء الأول

康玉华　来思平　编著
تأليف: كانغ يوهوا، لاي سيبينغ

张洁颖　译
ترجمة: تشانغ جييينغ

北京大学出版社
PEKING UNIVERSITY PRESS

前 言

本书是为《汉语会话 301 句》课本编写的练习册，分上、下两册，各二十课。上册每课后附有汉字笔顺表。每册后附练习参考答案，并有一份试卷，供学习者自测。

本练习册既适用于自学，也可用于教师课堂教学或作为学生的家庭作业。

本练习册集中选用了教学实践中多种行之有效的操练方法，并结合多样的测试形式，多角度地进行全面操练，纠正初学者易出现的错误。从词语的搭配，到不同语境中语言结构的变换以及阅读理解等方面，促使学习者逐渐横向扩展语言的运用范围，引导他们提高理解和应用汉语的能力。

希望通过这样的练习，能帮助初学者较快地、全面牢固地掌握基础汉语，并为进一步提高汉语水平打下坚实的基础。

编者
2024 年 8 月

目 录

01	问候（1）	你好	1
02	问候（2）	你身体好吗	5
03	问候（3）	你工作忙吗	11
04	相识（1）	您贵姓	16
05	相识（2）	我介绍一下儿	22
06	询问（1）	你的生日是几月几号	28
07	询问（2）	你家有几口人	34
08	询问（3）	现在几点	41
09	询问（4）	你住在哪儿	47
10	询问（5）	邮局在哪儿	53
11	需要（1）	我要买橘子	59
12	需要（2）	我想买毛衣	67
13	需要（3）	要换车	73
14	需要（4）	我要去换钱	80
15	需要（5）	我要照张相	86
16	相约（1）	你看过京剧吗	92
17	相约（2）	去动物园	100

18	迎接（1）	路上辛苦了	106
19	迎接（2）	欢迎你	112
20	招待	为我们的友谊干杯	118

测验（01—20课） ·········· 125

参考答案 ·········· 130

问候（1）

01 你好

أهلا وسهلا

一 请把下面的三组声母补充完整 أكمل الأحرف الاستهلالية للمجموعات الثلاثة التالية

1. b _____ _____ _____
2. d _____ _____ _____
3. g _____ _____ _____

二 选择正确的读音，在括号内画 " √ "
اختر النطق (pinyin) الصحيح وضع بين القوسين علامة " √ "

1. 我们 A. wǒmen （　　） 2. 他们 A. tǎmen （　　）
　　　 B. wòmen （　　） 　　　 B. tāmen （　　）

3. 都 A. dǒu （　　） 4. 来 A. lán （　　）
　　 B. dōu （　　） 　　 B. lái （　　）

5. 妈妈 A. māma （　　） 6. 爸爸 A. bǎba （　　）
　　　 B. măma （　　） 　　　 B. bàba （　　）

三 找出三声变为二声的音节，在音节下画 "____"
ضع خطا تحت المقطع الصوتي الذي تغيرت نغمته من الثالثة إلى الثانية

1. nǐ hǎo　　2. lǎolao　　3. gǎnmào　　4. lǎohǔ

5. dàmǐ　　　6. wǒ lái　　7. wǔdǎo　　8. bǎnběn

四 找出三声变为半三声的音节，在音节下画 "____"
ضع خطا تحت المقطع الصوتي بشبه النغمة الثالثة

1. nǐmen　　2. bǎoliú　　3. fǎlǜ　　　4. mǎhu

5. niúnǎi　　6. dānbǎo　　7. měicān　　8. mángguǒ

汉语会话 301 句・阿拉伯文注释本（第四版） 练习册 上册

五 给下面的词语注音　　اكتب الكلمات التالية ب "pinyin"

1. 好_____　　2. 吗_____　　3. 也_____　　4. 都_____

5. 来_____　　6. 她_____　　7. 我们_____　　8. 你们_____

六 完成对话　　أكمل الحوارات التالية

1. A：_____！
   B：你好！

2. A：你的爸爸_____？
   B：他来。

3. A：你的妈妈_____？
   B：她很好。

4. A：你爸爸妈妈_____？
   B：他们都很好。

七 根据拼音写汉字　　اكتب الكلمات التالية بالصينية حسب "pinyin"

1. bàba _____　　　　2. māma _____

3. dōu _____　　　　4. lái _____

5. tāmen _____　　　6. yě _____

7. wǒ _____　　　　8. ma _____

八 写出含有偏旁"也"的两个汉字并注音
اكتب مقطعين مع الحرف "也" واكتبهما ب "pinyin"

1. _____（　　　　）　　2. _____（　　　　）

🟠 九 交际练习   تمارين التواصل

你遇见（yùjiàn，قابل、التقى）大卫，问候（wènhòu，ألقى التحية）他。
قابلت ديفيد وألقيت التحية عليه.

汉字笔顺表

❽ 好 hǎo 女 + 子

ㄑ	女	女	女⁻	好	好					

❾ 很 hěn 彳 + 艮

㇒	彡	彳	彳⁷	彳ヨ	彳ヨ	彳艮	很	很		

❿ 来 lái

一	丷	𠄎	亚	平	来	来				來

⓫ 我 wǒ

㇒	二	于	手	我	我	我				

⓬ 都 dōu 者（耂 + 日）+ 阝

一	十	土	耂	者	者	者	者	者⁷	都	

⓭ 爸 bà 父 + 巴

㇒	八	少	父	谷	爷	爸	爸			

问候（2）

02 你身体好吗

كيف حالك

一 把下面的三组声母补充完整 أكمل الأحرف الاستهلالية للمجموعات الثلاثة التالية

1. j _____
2. z _____
3. zh _____

二 找出加写或改写为"y""w"的音节，在音节下画"____"
ضع خطا تحت المقاطع الصوتية التي تبدأ أصلا بـ "i" و"u" لكن تم كتابتها بـ "y" و"w"

1. yě   2. nǐmen   3. wǔ ge   4. shēntǐ   5. tiào wǔ
6. yìqǐ   7. zàijiàn   8. fěnbǐ   9. wūyā   10. yǒuyì

三 选择正确的读音 اختر النطق (pinyin) الصحيح

例： 来（③） ① léi ② lài ③ lái ④ lèi

( ) 1. 五   ① ú   ② wú   ③ wù   ④ wǔ
( ) 2. 八   ① bā   ② pā   ③ bà   ④ pá
( ) 3. 九   ① jiù   ② jí   ③ qiǔ   ④ jiǔ
( ) 4. 早   ① zāo   ② zǎo   ③ zuò   ④ zào
( ) 5. 身体 ① shěn tí ② shēntǐ ③ shì nǐ ④ shěntì
( ) 6. 谢谢 ① xiéxie ② xiēxie ③ xièxie ④ xièxiè
( ) 7. 再见 ① sàijiàn ② zāijiàn ③ zàijiǎn ④ zàijiàn
( ) 8. 老师 ① lǎoshī ② lǎo sǐ ③ làoshī ④ láoshí

5

四 给下面的词语注音　اكتب الكلمات التالية ب "*pinyin*"

1. 四_____　2. 十_____　3. 五_____　4. 六_____

5. 九_____　6. 您_____　7. 今天_____　8. 号_____

五 完成对话　أكمل الحوارات التالية

1. A、B：_____！（早）

   老师：_____！

   A：_____？（身体）

   老师：_____，_____！（很　谢谢）

   _____？（你们　好）

   A、B：_____。（都）

2. A：王兰，_____！

   B：你好！

   A：你妈妈_____？

   B：她身体_____。（很）

   A：今天她_____？

   B：她来。

   A：你爸爸_____？（也）

   B：来，他们今天_____。（都）

六 组词成句　كون جملا مفيدة بالكلمات التالية

例：很　好　我 → 我很好。

1. 身体　我　好　很

   → _____

2. 今天　爸爸　来　妈妈　都

→ _____

3. 身体　他们　吗　好　都

→ _____

4. 您　老师　早

→ _____

七 根据拼音写汉字　اكتب الكلمات التالية بالصينية حسب "*pinyin*"

1. Lǎoshī, nín hǎo!　_____

2. Xièxie nǐmen!　_____

3. Shēntǐ hěn hǎo.　_____

4. Bàba māma zàijiàn!　_____

八 写出含有偏旁"亻"的汉字　اكتب مقاطع صينية مع الحرف "亻"

　　nǐ　　　　nǐmen　　　　tā　　　　tǐ

1. ____好　2. _____　3. ____来　4. 身____

九 交际练习　تمارين التواصل

你第一次见老师，询问老师的姓名和身体情况（qíngkuàng，حالة）。
قابلت الأستاذ لأول مرة، وسألته عن اسمه وصحته.

汉字笔顺表

❶ 一 yī

02 你身体好吗

⑪ 早 zǎo　日 + 十

丨 冂 日 旦 旦 早

⑫ 您 nín　你 + 心

丿 亻 亻 亻 你 你 你 您 您 您

⑬ 号 hào　口 + 丂

丨 口 口 旦 号　　號

⑭ 今 jīn

丿 人 人 今

⑮ 天 tiān

一 二 于 天

⑯ 身 shēn

丿 亻 勹 自 自 身 身

⑰ 体 tǐ　亻 + 本

丿 亻 亻 什 什 休 体　　體

⑱ 再 zài

一 丆 冂 西 再 再

⑲ 见 jiàn

丨 冂 贝 见　　見

⑳ 日 rì

㉑ 老 lǎo

㉒ 师 shī 丿 + 帀

㉓ 谢 xiè 讠 + 射（身 + 寸）

问候（3）

03 你工作忙吗

هل أنت مشغول بالعمل

一 把下面的六组声母补充完整　أكمل الأحرف الاستهلالية للمجموعات الستة التالية

1. b _____	2. d _____
3. g _____	4. j _____
5. z _____	6. zh _____

二 找出有"ü"的音节，在音节下画"＿＿"
ضع خطا تحت المقاطع الصوتية التي فيها "ü"

1. yuànzi	2. nǔlì	3. xiǎoyǔ	4. jùzi
5. chūfā	6. xuéxí	7. yīnyuè	8. túshū
9. qǔzi	10. juédìng	11. lùdēng	12. dìqū

三 在"不"和"一"的上边标上声调
ضع علامات النغمة لـ "不" و"—" للكلمات التالية

不　　1. 不好　　　　　　2. 不来　　　　　　3. 不累
　　　4. 不太忙　　　　　5. 不是（shì）　　　6. 不高（gāo）
　　　7. 不谢　　　　　　8. 不太累

一　　1. 一起（qǐ）　　　2. 一天（tiān）　　　3. 一块（kuài）
　　　4. 一毛（máo）　　　5. 一早（zǎo）　　　6. 一般（bān）
　　　7. 一年（nián）　　　8. 一会儿（huìr）

汉语会话 301 句·阿拉伯文注释本（第四版）练习册 上册

四 给下面的词语注音　اكتب الكلمات التالية بـ "pinyin"

1. 哥哥_____　弟弟_____　姐姐_____　妹妹_____
2. 年_____　月_____　日_____　号_____
3. 今天_____　明天_____　今年_____　明年_____

五 完成对话　أكمل الحوارات التالية

1. A：我_____，_____？（呢）
   B：我身体也很好，谢谢！

2. A：今天10月31号吗？
   B：不，_____。（11.1）

3. A：明年你哥哥来，你_____？（呢）
   B：我妹妹工作很忙，她不来。

4. A：明天你爸爸妈妈来吗？
   B：我爸爸_____，我妈妈_____。（不）

5. A：我工作很忙，也很累，_____？
   B：我_____。（不　太）

六 给括号内的词找到适当的位置　ضع الكلمات بين القوسين في مكانها المناسب

1. A 他们 B 身体 C 很好 D。　　　　　　（都）
2. 哥哥 A 不工作，B 姐姐 C 不 D 工作。　（也）
3. A 他们 B 工作 C 很忙，D 很累。　　　（也）
4. A 爸爸 B 妈妈 C 身体 D 好吗？　　　　（你）

七 根据拼音写汉字   اكتب الكلمات التالية بالصينية حسب "*pinyin*"

1. Wǒ gēge dìdi míngnián dōu lái.
   _____

2. Tā bàba māma shēntǐ bú tài hǎo.
   _____

八 写出含有偏旁"女"的汉字   اكتب مقاطع صينية مع الحرف "女"

  hǎo   tā   māma   jiějie   mèimei
1. 你____ 2. ____来 3. _____ 4. _____ 5. _____

九 交际练习   تمارين التواصل

你问候朋友最近的工作情况。
سألت صديقك عن حال عمله مؤخرا.

汉字笔顺表

❶ 工 gōng
一 丅 工

❷ 作 zuò 亻 + 乍
丿 亻 亻 仁 作 作 作

❸ 不 bù
一 丆 不 不

03 你工作忙吗

⑬ 姐 jiě 女 + 且

⑭ 妹 mè 女 + 未

⑮ 零 líng 雨 + 令

相识（1）

04 您贵姓

ما اسم عائلة حضرتك

一 给下面的词语注音　　اكتب الكلمات التالية ب "*pinyin*"

1. 姓_____　　2. 叫_____　　3. 是_____

4. 不_____　　5. 太_____　　6. 高兴_____

7. 很_____　　8. 都_____　　9. 也_____

二 用上面的词语填空　　املأ الفراغات بالكلمات المذكورة أعلاه

他_____大卫。他_____是老师，_____不是大夫，他_____学生。他_____美国人。他_____太忙，也_____太累。

她_____张，她_____老师。她_____忙，_____很累。他们_____是我朋友。我认识他们很_____。

三 组词成句（有的词可以用两次）
كون جملا مفيدة بالكلمات التالية (يمكن استخدام بعض الكلمات مرتين)

1. 是　他　弟弟　大夫

_____

2. 叫　他　名字　什么

_____

3. 身体　妹妹　我　好　很

_____

4. 不　　老师　　学生　　我　　是

　　_____

四 完成对话　　أكمل الحوارات التالية

1. A：_____？（姐姐）

　　B：她叫兰兰（Lánlan）。

　　A：她_____？（学生）

　　B：她是学生。

2. A：_____？

　　B：他姓王。

　　A：_____？

　　B：他不是老师，是大夫。

3. A：你_____？（弟弟）

　　B：我认识你弟弟。_____？

　　A：他今天不来，明天来。

4. A：_____？

　　B：我不认识那个人。

　　_____？（呢）

　　A：我也不认识。

五 把下面的句子改成疑问句　　غير الجمل التالية إلى جمل استفهامية

1. 她叫王兰。→ _____

2. 我姓张。→ _____

3. 我不是美国人。→ _____

4. 他是美国留学生。→ _____

5. 我不认识那个学生。→ _____

6. 他很忙。→ _____

7. 她不是我朋友，是我妹妹。→ _____

8. 我不太累。→ _____

六 改错句　صحح الأخطاء في الجمل التالية

1. 他是累。→ _____

2. 她姓张老师。→ _____

3. 我是美国人留学生。→ _____

4. 他贵姓？→ _____

5. 都三个人是学生。→ _____

七 根据拼音写汉字　"pinyin" اكتب الكلمات التالية بالصينية حسب

我_____（rènshi）大卫，他是_____（xuésheng）。认识他我_____（hěn）_____（gāoxìng）。他爸爸妈妈_____（shēntǐ）都很好，_____（gōngzuò）_____（yě）很忙。

八 写出含有偏旁"口"的汉字　"口" اكتب مقاطع صينية مع الحرف

　　　　ma　　　　　　ne　　　　　　jiào　　　　　　míng

1. 好____　　2. 你____　　3. ____什么　　4. ____字

| 九 | 交际练习　　تمارين التواصل

你询问同学的姓名、身体、学习情况。
سألت زميلك عن اسمه وصحته ودراسته.

汉字笔顺表

① 人 rén
ノ 人

② 大 dài
一 ナ 大

③ 夫 fū
一 二 チ 夫

④ 什 shén　亻 + 十
ノ 亻 仁 什

⑤ 么 me
ノ 厶 么　　麼

⑥ 个 gè
ノ 人 个　　個

⑦ 朋 péng　月 + 月
丿 刀 月 月 刖 刖 朋 朋

⑰ 名 míng　夕 + 口

⑱ 字 zì　宀 + 子

⑲ 这 zhè　辶 + 文

⑳ 那 nà　刂 + 阝

㉑ 是 shì　日 + 疋

㉒ 贵 guì　中 + 一 + 贝

㉓ 留 liú　卯 + 田
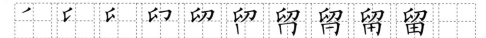

相识（2）

05 我介绍一下儿

لِأُقَدِّم...

一 给下面的词语注音　اكتب الكلمات التالية بـ "pinyin"

1. 也 _____　　2. 是 _____　　3. 回 _____

4. 的 _____　　5. 在 _____　　6. 看 _____

7. 认识 _____　8. 介绍 _____　9. 一下儿 _____

二 用上面的词语填空　املأ الفراغات بالكلمات المذكورة أعلاه

你们都不_____她，我_____ _____。❶ 她姓林（Lín）。❷ 她_____我姐姐_____好朋友，_____ _____我_____朋友。她_____北京人。❸ 她爸爸妈妈_____家_____北京。❹ 她_____上海（Shànghǎi）工作。她_____大学老师，工作很忙，_____很累。今天是十月一日，都休息，❺ 她_____北京_____她爸爸妈妈，_____来_____我们。

三 用"什么、哪儿、谁"把上面带序号的句子改成疑问句
غيّر الجمل 1-5 في السؤال الثاني إلى جمل استفهامية باستخدام "什么、哪儿、谁"

1. _____

2. _____

3. _____

4. _____

5. _____

05 我介绍一下儿

四 完成对话 أكمل الحوارات التالية

1. A：_____？
   B：我不去超市,我回宿舍。_____？（哪儿）
   A：我去朋友家。

2. A：_____？
   B：他不在大卫的宿舍。
   A：_____？
   B：他在教室。

3. A、B：我们去商店,_____？（吗）
   C：不去,我很累,想回家休息。

4. A：_____？（王兰）
   B：在。玛丽,请进!
   A：_____!
   B：不谢。

5. A：_____？（爸爸）
   B：他工作。
   A：_____？（也）
   B：不,她身体不太好,在家休息。

五 改错句 صحح الأخطاء في الجمل التالية

1. 我去家。→ _____

2. 谁是他? → _____

3. 他不是北京的人。→ _____

4. 我不认识那个留学生美国的。→ _____

六 根据拼音写汉字　　"pinyin" اكتب الكلمات التالية بالصينية حسب

1. zài sùshè _____　　2. lái jiàoshì _____

3. qù shāngdiàn _____　　4. qǐng jìn _____

5. zài jiā xiūxi _____

七 写出含有偏旁"讠"的汉字　　"讠" اكتب مقاطع صينية مع الحرف

　　xièxie　　　　rènshi　　　　shéi　　　　qǐng

1. _____　　2. _____　　3. 是____　　4. ____问

八 交际练习　　تمارين التواصل

请与同学们互相（hùxiāng，تبادل）介绍自己。
قدمْ نفسك لزملائك.

汉字笔顺表

❶ 下 xià

一 丅 下

❷ 儿 ér

丿 儿　　　　　　　　　　　　　　　　　兒

❸ 回 huí　口 + 口

丨 冂 冂 回 回 回

05 我介绍一下儿

④ 介 jiè 人 + 丿

丿 人 介 介

⑤ 绍 shào 纟 + 召

ㄥ 纟 纟 纫 纫 织 绍 绍　紹

⑥ 去 qù

一 十 土 去 去

⑦ 在 zài

一 ナ 才 才 在 在

⑧ 听 tīng 口 + 斤

丨 口 口 吖 吖 听 听　聽

⑨ 吧 ba 口 + 巴

丨 口 口 叩 叩 吧 吧

⑩ 哪 nǎ 口 + 那(月 + 阝)

丨 口 口 叮 吋 吋 哪 哪 哪

⑪ 的 de 白 + 勺

丿 亻 白 白 白 白 的 的

⑫ 家 jiā 宀 + 豕

丶 丶 宀 宀 宀 宁 宁 家 家 家

⑬ 进 jìn   辶 + 井
一 二 卝 井 讲 讲 进   進

⑭ 休 xiū   亻 + 木
丿 亻 仁 仠 休 休

⑮ 息 xī   自 + 心
丿 亻 白 白 白 自 自 息 息 息

⑯ 请 qǐng   讠 + 青
丶 讠 计 讲 诖 请 请 请 请   請

⑰ 谁 shéi   讠 + 隹
丶 讠 计 计 讣 讲 谁 谁 谁   誰

⑱ 看 kàn   手 + 目
一 二 三 手 看 看 看 看 看

⑲ 商 shāng
丶 亠 产 产 产 产 商 商 商 商

⑳ 店 diàn   广 + 占
丶 亠 广 庀 庐 店 店

㉑ 宿 sù   宀 + 佰（亻 + 百）
丶 宀 宁 宁 宁 宁 宿 宿 宿

05 我介绍一下儿

㉒ 舍 shè   人 + 舌

㉓ 教 jiào   耂 + 攵

㉔ 室 shì   宀 + 至

㉕ 酒 jiǔ   氵 + 酉
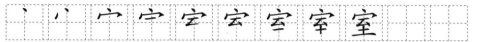

㉖ 超 chāo   走 + 召

㉗ 市 shì

询问（1）

06 你的生日是几月几号
متى عيد ميلادك

一　给下面的词语注音，并根据1完成2、3题
اكتب الكلمات التالية بـ "*pinyin*"، وأكمل الجملة الثانية والثالثة حسب الأولى.

1. 今天（2021年）9月25日（号）星期日。

_____

2. 明天

_____

3. 昨天

_____

二　填空（把数字、日期写成汉字）
املأ الفراغات بالكلمات المذكورة أعلاه

❶今天_____（9.30）。❷今天_____我朋友_____生日。❸我朋友_____大卫，他_____美国留学生。他今年_____（20）岁。❹我们三_____人都_____大卫_____好朋友。❺今天下午我们_____去商店买东西。❻晚上_____去大卫_____宿舍_____他。

三　用"几、哪儿、谁、什么"把上面带序号的句子改成疑问句
غير الجمل 6-1 في السؤال الثاني إلى جمل استفهامية باستخدام "几、哪儿、谁、什么"

1. _____

28

2. _____

3. _____

4. _____

5. _____

6. _____

四 完成对话　　أكمل الحوارات التالية

1. A：_____？（明天晚上）

   B：我看书，_____？（呢）

   A：在家听音乐。

2. A：今天晚上我去酒吧，_____？（什么）

   B：看电视。

3. A：明天下午我们去买东西，_____？

   B：我不去，我朋友来看我。

4. A：这个星期你去王兰家吗？

   B：我不去，_____。（忙）

五 改错句　　صحح الأخطاء في الجمل التالية

1. 2020年25号3月我在北京工作。

   → _____

2. 明天十一点上午他们超市买东西。

3. 他这个星期六十二号来我家玩儿。

   → _____

4. 我在宿舍昨天下午休息。

   → _____

5. 他看书在家昨天晚上。

   → _____

六 根据拼音写汉字   اكتب الكلمات التالية بالصينية حسب "pinyin"

1. qù chāoshì mǎi dōngxi _____

2. zài sùshè tīng yīnyuè _____

3. xīngqītiān xiūxi _____

4. wǎnshang kàn diànshì _____

七 写出动词   ضع لهذه الكلمات الفعل المناسب

1. ____书   2. ____音乐   3. ____东西   4. ____家

5. ____微信   6. ____朋友   7. ____电影   8. ____商店

9. ____宿舍   10. ____什么   11. ____书店   12. ____酒吧

八 写出带有偏旁 "日" 的汉字   اكتب مقاطع صينية بالحرف "日"

      míng   zuó   wǎn   xīng

1. ____天   2. ____天   3. ____上   4. ____期

      shì   yīn

5. ____他   6. ____乐

| 九 | 交际练习　　تمارين التواصل

说说今天、明天你的计划（jìhuà，خطة）。

حدثْ عن خطتك لليوم والغد.

你想想

"大"有两个读音，你能写出两个含有不同读音的"大"字的词吗？

汉字笔顺表

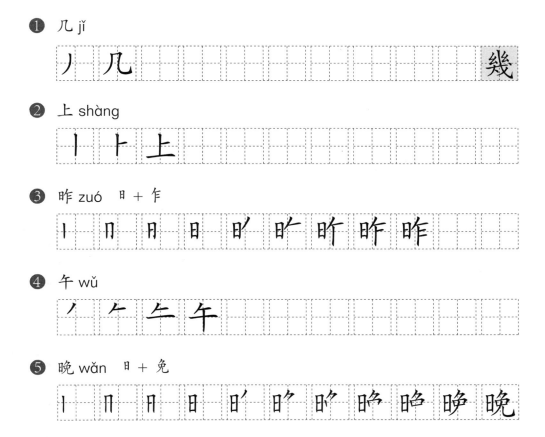

06 你的生日是几月几号

⑮ 西 xī

⑯ 星 xīng 日＋生

⑰ 期 qī 其＋月

⑱ 岁 suì 山＋夕

⑲ 影 yǐng 景（日＋京）＋彡

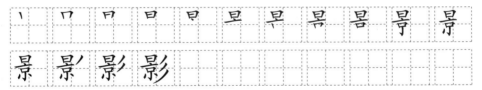

⑳ 微 wēi 彳＋𡭊＋攵

㉑ 店 diàn 广＋占

询问（2）

07 你家有几口人

كم عدد أفراد أسرتك

一 给下面的词语注音　اكتب الكلمات التالية بـ "pinyin"

1. 结婚_____　2. 职员_____　3. 银行_____

4. 孩子_____　5. 学习_____　6. 有_____

7. 没_____　　8. 和_____　　9. 课_____

二 用上面的词语填空　املأ الفراغات بالكلمات المذكورة أعلاه

❶ 尼娜（Nínà, نينا）家_____五口人，爸爸、妈妈、哥哥、姐姐_____她。❷ 她哥哥是_____，在_____工作。❸ 他_____了，❹ 有一个_____。❺ 她姐姐_____结婚，是大学生，在大学_____英语。❻ 尼娜也是大学生，她不学习英语，她_____汉语。她很忙。❼ 今天_____课。❽ 她去大学上_____。

三 把上面带序号的句子改成疑问句

غير الجمل 1-8 في السؤال الثاني إلى جمل استفهامية

1. _____

2. _____

3. _____

4. _____

5. _____

6. _____

7. _____

8. _____

四 组词成句　كون جملا مفيدة بالكلمات التالية

1. 在　我　宿舍　音乐　听

_____

2. 休息　我　家　在

_____

3. 教室　上　汉语　他们　课　在

_____

4. 商店　东西　他　买　在

_____

五 完成对话　أكمل الحوارات التالية

1. A：下课了，你做什么？

　　B：我_____。（回　休息）

2. A：_____？

　　B：我是老师，_____。（在）

3. A：_____？

   B：他们没结婚。

4. A：_____？

   B：我妹妹不工作，她是学生。

5. A：_____？

   B：我、爸爸、妈妈、一个姐姐和两个弟弟。

六 用"不"或"没"填空　　املأ الفراغات ب "不" و "没"

1. 她妈妈身体很_____好。

2. 他_____哥哥，也_____姐姐。

3. 他是学生，他_____工作。

4. 他_____在教室，在宿舍。

5. 他_____姓张，他姓王。

6. 我_____英语书。

7. 明天我_____去他家。

8. 昨天我_____买东西。

七 根据拼音写汉字　　اكتب الكلمات التالية بالصينية حسب "pinyin"

1. Tāmen jīnnián èryuè jié hūn le.

   _____

2. Tā yǒu liǎng ge háizi.

   _____

07 你家有几口人

3. Wǒ míngtiān qù chāoshì mǎi dōngxi.

　　_____

八 写出含有偏旁"月"或"宀"的汉字
اكتب مقاطع صينية بالحرف " 月 " أو "ﻧ"

1. ___天 (míng)　　2. ___友 (péng)　　3. 电___ (nǎo)　　4. 我___ (jiā)

5. 汉___ (zì)　　6. 教___ (shì)　　7. ___舍 (sù)

九 交际练习　تمارين التواصل

请你介绍自己的家庭情况。
قدمْ حال أسرتك.

你想想

"两个月"是一个什么字?

汉字笔顺表

❶ 口 kǒu

| 丨 | 冂 | 口 |

❷ 了 le

| 乛 | 了 |

37

⑫ 语 yǔ 讠+吾
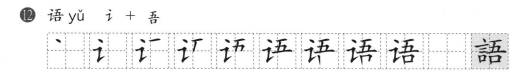

⑬ 汉 hàn 氵+又

⑭ 韩 hán 훅+韦

⑮ 银 yín 钅+艮

⑯ 行 háng 彳+亍

⑰ 护 hù 扌+户

⑱ 士 shì

⑲ 手 shǒu

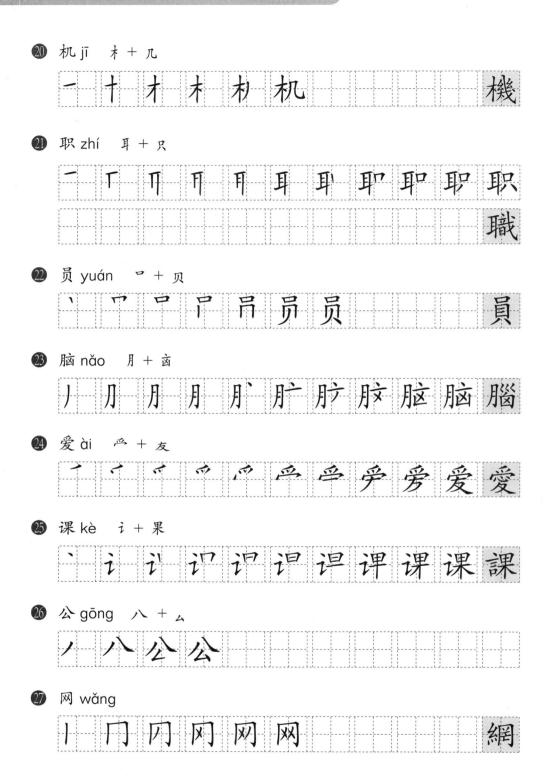

询问（3）

08 现在几点

كم الساعة الآن

一 根据提供的时间和词语完成句子　أكمل الجمل بالوقت والكلمات التالية

例：20:30 看电视 → 我晚上八点半看电视。

1. 7:00 起床 → _____

2. 7:15 吃早饭 → _____

3. 12:00 吃午饭 → _____

4. 19:30 看电视 → _____

5. 23:50 睡觉 → _____

二 完成对话　أكمل الحوارات التالية

1. A：_____？（吃饭）

   B：十二点一刻。

2. A：_____？（去上海）

   B：明年一月去上海。

3. A：你在哪儿上网？

   B：_____。（家）

   A：_____？

   B：晚上九点半。

4. A：＿＿＿＿＿＿＿＿＿＿＿＿＿？（今天）

　　B：不，我不去打网球。

　　A：＿＿＿＿＿＿＿＿＿＿＿＿＿？（在家）

　　B：看电视。

三 给括号内的词语找到适当的位置　ضع الكلمات بين القوسين في مكانها المناسب

1. 我 A 今天 B 晚上 C 睡觉 D。　　　　　　　　（十一点半）

2. A 明天 B 上午 C 去花店（huādiàn, محل ورد） （九点）
   D 买花儿。

3. A 他 B 明天上午 C 上课 D。　　　　　　　　（在教室）

4. A 今天 B 晚上 C 我看电视 D。　　　　　　　（八点一刻）

四 改错句　صحح الأخطاء في الجمل التالية

1. 我不有电脑。　→ ＿＿＿＿＿＿＿＿＿＿＿＿＿＿＿＿＿

2. 明天我没去商店。→ ＿＿＿＿＿＿＿＿＿＿＿＿＿＿＿＿＿

3. 他们没结婚了。　→ ＿＿＿＿＿＿＿＿＿＿＿＿＿＿＿＿＿

4. 他起床七点。　　→ ＿＿＿＿＿＿＿＿＿＿＿＿＿＿＿＿＿

5. 我吃饭在食堂。　→ ＿＿＿＿＿＿＿＿＿＿＿＿＿＿＿＿＿

五 根据拼音写汉字　اكتب الكلمات التالية بالصينية حسب "*pinyin*"

1. qù shuì jiào ＿＿＿＿＿＿　　2. kàn diànyǐng ＿＿＿＿＿＿

3. chī fàn ＿＿＿＿＿＿　　　　4. mǎi huār ＿＿＿＿＿＿

5. dǎ wǎngqiú ＿＿＿＿＿＿　　6. huí sùshè ＿＿＿＿＿＿

08 现在几点

六 写出动词的宾语   ضع المفعول به لهذه الأفعال

1. 吃_____   2. 打_____   3. 听_____

4. 做_____   5. 买_____   6. 看_____

7. 回_____   8. 起_____   9. 上_____

10. 下_____

七 写出含有偏旁"见"或"王"的汉字
اكتب مقاطع صينية بالحرف "见" أو "王"

    jiàn   shì   xiàn   qiú

1. 再_____   2. 电_____   3. _____在   4. 打_____

    jiào   wáng

5. 睡_____   6. 姓_____

八 交际练习   تمارين التواصل

和同伴互相介绍一下儿自己一天的学习和生活安排。
تحدّث مع زميلك عن خطة دراستك وحياتك في يوم.

你想想

一个字加一笔能变成另一个字,如:"一"加一笔变成"二、十"。下面的这个字,你会变吗?

大 → ❶ _____   ❷ _____   ❸ _____

汉字笔顺表

① 点 diǎn　占 + 灬
丨 卜 上 占 占 点 点 点　點

② 分 fēn　八 + 刀
丿 八 分 分

③ 差 chà　羊 + 工
丶 丷 丷 䒑 兰 羊 差 差 差

④ 刻 kè　亥 + 刂
丶 亠 亣 亥 亥 亥 刻 刻

⑤ 半 bàn
丶 丷 丷 半 半

⑥ 现 xiàn　王 + 见
一 二 千 王 玌 珋 现 现　現

⑦ 吃 chī　口 + 乞
丨 口 口 吖 吃 吃

⑧ 饭 fàn　饣 + 反
丿 𠂉 饣 饣 饣 饭 饭　飯

08 现在几点

⑨ 起 qǐ　走 + 己
一 十 土 キ キ 走 走 起 起 起

⑩ 床 chuáng　广 + 木
丶 亠 广 广 庄 床 床

⑪ 食 shí　人 + 良
丿 人 亽 今 今 今 食 食 食

⑫ 花 huā　艹 + 化
一 十 艹 艹 艻 芢 花

⑬ 打 dǎ　扌 + 丁
一 十 扌 扌 打

⑭ 球 qiú　王 + 求
一 二 干 王 玎 玎 玎 玎 球 球 球

⑮ 水 shuǐ
亅 亅 水 水

⑯ 时 shí　日 + 寸
丨 冂 日 日 旪 时 时　時

⑰ 候 hou　亻 + 丨 + 矣
丿 亻 亻 仁 仨 伊 伊 侯 侯 候

⑱ 睡 shuì　目 + 垂

⑲ 觉 jiào　⺍ + 见

询问（4）

09 你住在哪儿

أين تسكن

一 给下面的词语注音   اكتب الكلمات التالية بـ "*pinyin*"

1. 欢迎_____
2. 高兴_____
3. 有_____
4. 旁边_____
5. 玩儿_____
6. 在_____
7. 一起_____
8. 常_____
9. 和_____
10. 叫_____

二 用上面的词语填空   املأ الفراغات بالكلمات المذكورة أعلاه

我_____一个朋友，他_____汉斯（Hànsī, هانس）。❶ 他住_____学校宿舍一号楼一层 105 号房间。❷ 我家_____学校_____。我很_____我的朋友来我家_____。❸ 我们_____ _____看电影、听音乐。❹ 星期六、星期日我_____朋友们_____在学校打球。

三 把上面带序号的句子改成疑问句

غير الجمل 1-4 في السؤال الثاني إلى جمل استفهامية

1. _____
2. _____
3. _____
4. _____

四 用"几"或"多少"提问   اطرح أسئلة بـ "几" أو "多少"

1. A：_____？
   B：我们学校有八十七个老师。

2. A：_____？
   B：他的房间是 328 号。

3. A：_____？
   B：他的生日是 6 月 18 号。

4. A：_____？
   B：这个楼有六层。

5. A：_____？
   B：二号楼有八十个房间。

6. A：_____？
   B：我有三个中国朋友。

五 在后面两组词语中找出适当的词语完成句子
اختر من هاتين المجموعتين الكلمات المناسبة وأكمل منها الجمل التالية

1. 我去 教室上课_____。   教室   吃饭

2. 我去_____。   花店   玩儿

3. 我去_____。   公园   上课

4. 我去_____。   食堂   买东西

5. 我去_____。   商店   买花儿

六 给括号内的词语找到适当的位置   ضع الكلمات بين القوسين في مكانها المناسب

1. A 他 B 常 C 去食堂 D 吃饭。   （不）

2. 我 A 和 B 朋友 C 一起 D 玩儿。　　　　　　　（常常）

3. A 我们 B 住 C 在 D 一起。　　　　　　　　　（不）

4. A 他们都 B 在 C 银行 D 工作。　　　　　　　（不）

5. A 他 B 昨天 C 问 D 我们。　　　　　　　　　（没）

七 根据拼音写汉字　　اكتب الكلمات التالية بالصينية حسب "*pinyin*"

1. Yóujú zài gōngyuán pángbiān.

   _____

2. Huānyíng lái Běijīng.

   _____

3. Shàng kè de shíhou wèn lǎoshī.

   _____

八 写出含有偏旁"辶"的汉字　　اكتب مقاطع صينية مع الحرف "辶"

　　　　jìn　　　　　yíng　　　　　dao　　　　　biān
1. 请____　　2. 欢____　　3. 知____　　4. 旁____

九 交际练习　　تمارين التواصل

和同学互相介绍自己住在哪儿（如：几号楼，几层，多少号房间）。
تحدثْ مع زميلك عن عنوان مسكنكم (مثلا: ما رقم المبنى، في أي طابق، ما رقم الغرفة).

你想想

"半个朋友没有了"是一个什么字？

汉字笔顺表

① 住 zhù 亻+ 主

② 多 duō 夕+ 夕

③ 少 shǎo

④ 房 fáng 户+ 方

⑤ 间 jiān 门+ 日

⑥ 欢 huān 又+ 欠

⑦ 迎 yíng 辶+ 卬

⑧ 玩 wán 王+ 元

09 你住在哪儿

⑨ 常 cháng　⺌ + 吊

⑩ 问 wèn　门 + 口　　　　　　　　　　　　　　　問

⑪ 校 xiào　木 + 交

⑫ 楼 lóu　木 + 娄　　　　　　　　　　　　　　　樓

⑬ 路 lù　足 + 各

⑭ 知 zhī　矢 + 口

⑮ 道 dào　辶 + 首

⑯ 旁 páng 亠 + 方

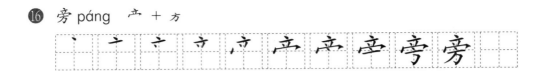

⑰ 边 biān 辶 + 力

⑱ 对 duì 又 + 寸

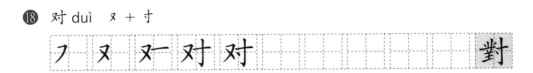

⑲ 园 yuán 囗 + 元

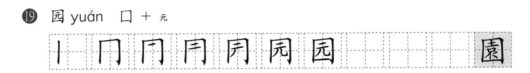

⑳ 找 zhǎo 扌 + 戈

㉑ 层 céng 尸 + 云

询问（5）

10 邮局在哪儿

أين مكتب بريد

一　给下面的词语注音　اكتب الكلمات التالية ب "pinyin"

1. 东边_____　2. 南边_____　3. 西边_____

4. 北边_____　5. 旁边_____　6. 那_____

7. 那儿_____　8. 休息_____　9. 不_____

10. 常_____　11. 在_____　12. 离_____

二　用上面的词语填空　املأ الفراغات بالكلمات المذكورة أعلاه

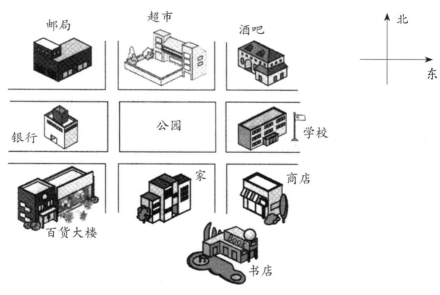

我家_____公园_____，_____公园很近。_____的时候，我_____去_____玩儿。我家_____有商店、百货大

楼、书店，我_____去_____买东西。公园_____有一个学校，我弟弟就_____ _____个学校学习。超市_____是酒吧。我_____常去那个酒吧。

三 根据课本第89页的"扩展"（他爸爸……回家），提出四个正反疑问句
اكتب أربع جمل استفهامية للتخيير حسب الموضوع في الجزء "التوسيع" في الصفحة 89 في الكتاب المدرسي (他爸爸……回家)

1. _____
2. _____
3. _____
4. _____

四 选词填空 املأ الفراغات بالكلمات الصحيحة

1. 他_____银行职员。　　　　　（在　有　是　去）
2. 今天我们_____去公园看花儿。（常　有　在　一起）
3. 他们在_____打球。　　　　　（去　那儿　哪儿）
4. 中国银行_____在我们学校旁边。（就　常　有　看）
5. 你_____前走，那个大楼一层就是超市。（就　往　去　那儿）

五 完成对话 أكمل الحوارات التالية

1. A：请问_____？

   B：银行就在那个书店旁边。

2. A：你们学校_____？（离家）

　　B：很远。

　　A：_____？

　　B：我坐车去。

3. A：你_____？（上网）

　　B：常常上网。

　　A：_____？

　　B：在宿舍。

六 根据拼音写汉字　　اكتب الكلمات التالية بالصينية حسب "pinyin"

1. Cāochǎng zài jiàoshì de dōngbian.
   _____

2. Shuí zài pángbiān de fángjiān tīng yīnyuè?
   _____

3. Tā cháng qù yóujú zuò shénme?
   _____

七 写出含有偏旁"忄"的汉字　　اكتب مقاطع صينية مع الحرف "忄"

　　　　nín　　　　　　　xi　　　　　　　zěn

1. ____早　　2. 休____　　3. ____么

八 交际练习　تمارين التواصل

和同学设计（shèjì, صمّم）一段对话（duìhuà, حوار），询问操场、食堂、超市、书店等地方在哪儿。

قم بحوار مع زميلك حيث تسألون بعضكم أين الملعب والمطعم والسوبرماركت ومحل الكتب.

你想想

一边半个"很",一边半个"住"。这是一个什么字?

汉字笔顺表

① 怎 zěn　乍 + 心
丿 ノ 亻 乍 乍 怎 怎 怎

② 走 zǒu　土 + 龰
一 十 土 丰 丰 走 走

③ 就 jiù　京 + 尤
丶 亠 冖 音 音 亨 京 京 就 就
就

④ 往 wǎng　彳 + 主
丿 彳 彳 彳 彳 彳 往 往

10 邮局在哪儿

⑤ 离 lí　离 + 内
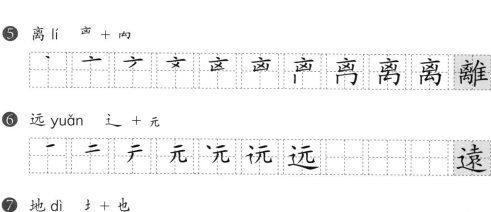

⑥ 远 yuǎn　辶 + 元
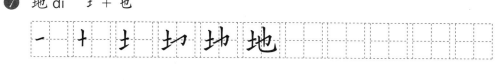

⑦ 地 dì　土 + 也

⑧ 方 fāng
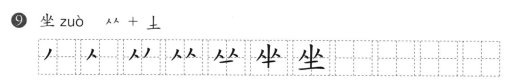

⑨ 坐 zuò　从 + 土

⑩ 车 chē
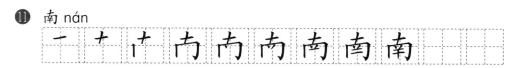

⑪ 南 nán
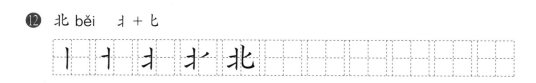

⑫ 北 běi　扌 + 匕

⑬ 操 cāo   扌 + 喿

⑭ 场 chǎng   土 + 㘄

⑮ 近 jìn   辶 + 斤

需要（1）

11 我要买橘子

أريد أن أشتري بعض البرتقال

一 熟读词语　اقرأ الكلمات مرارا وتكرارا

要	还	别的
~多少	~喝/吃/……	~东西
~几斤/瓶/……	~去/来/……	~地方
~苹果/……	~看/听/……	~老师
~喝可乐	~要	~语言

种	多
一~	很~
这~	不~
那~	~了一块钱
很多~	~好啊

二 用上面的词语填空　املأ الفراغات بالكلمات المذكورة أعلاه

1. _____橘子很好，你尝尝。

2. 上午我们打球，下午_____打吗？

3. 我不_____韩语书，我_____汉语书。

4. 你昨天发电子邮件了，今天_____发吗？

5. 明天你们去天安门，_____去_____吗？

6. 茶（chá, شاي）有_____，我不知道你要哪种。

三 完成对话　　أكمل الحوارات التالية

1. A：您＿＿＿＿＿＿＿＿＿＿？（买）

   B：有可乐吗？

   A：有，要＿＿＿＿＿＿＿＿＿＿？（几）

   B：一瓶。

2. A：这种橘子＿＿＿＿＿＿＿＿＿＿？（斤）

   B：＿＿＿＿＿＿＿＿＿。（6.30元）＿＿＿＿＿＿＿＿＿＿？（几）

   A：两斤。

3. A：小王，＿＿＿＿＿＿＿＿＿＿？

   B：就在学校旁边。

   A：那个商店的花儿＿＿＿＿＿＿＿＿＿＿？（吗）

   B：不太多。

   A：＿＿＿＿＿＿＿＿＿＿？

   B：很便宜。

4. A：您＿＿＿＿＿＿＿＿＿＿？（要）

   B：香蕉（xiāngjiāo，موز）＿＿＿＿＿＿＿＿＿＿？

   A：＿＿＿＿＿＿＿＿＿＿。（10.00元）

   B：太＿＿＿＿＿＿＿＿＿＿！不要了。

四 用动词重叠形式完成句子　　أكمل الجمل التالية بتكرار الفعل

1. 你＿＿＿＿＿＿＿，这音乐很好听。

2. 你太累了，＿＿＿＿＿＿＿吧。

3. 你是北京人，给我们＿＿＿＿＿＿北京，好吗？

4. 我也不认识这个字，明天＿＿＿＿＿＿老师吧。

5. 这个星期天，我们去颐和园＿＿＿＿＿＿吧。

6. 你＿＿＿＿＿＿，这是我做的中国菜（cài）。

7. 你＿＿＿＿＿＿大卫，明天他去不去长城。

8. 玛丽，你来＿＿＿＿＿＿，这是什么？

五 改错句　صحح الأخطاء في الجمل التالية

1. 他没结婚了。

   →＿＿＿＿＿＿＿＿＿＿＿＿＿＿＿＿＿＿＿＿＿＿

2. 我昨天没忙了，今天忙。

   →＿＿＿＿＿＿＿＿＿＿＿＿＿＿＿＿＿＿＿＿＿＿

3. 他工作在银行，是职员。

   →＿＿＿＿＿＿＿＿＿＿＿＿＿＿＿＿＿＿＿＿＿＿

4. 我吃早饭在家七点一刻。

   →＿＿＿＿＿＿＿＿＿＿＿＿＿＿＿＿＿＿＿＿＿＿

5. 他睡觉十一点半常常晚上。

   →＿＿＿＿＿＿＿＿＿＿＿＿＿＿＿＿＿＿＿＿＿＿

6. 一斤多少钱橘子？

   →＿＿＿＿＿＿＿＿＿＿＿＿＿＿＿＿＿＿＿＿＿＿

7. 要两瓶可乐，不别的了。

   →＿＿＿＿＿＿＿＿＿＿＿＿＿＿＿＿＿＿＿＿＿＿

8. 他买两苹果。

   →＿＿＿＿＿＿＿＿＿＿＿＿＿＿＿＿＿＿＿＿＿＿

六　根据拼音写汉字　اكتب الكلمات التالية بالصينية حسب "pinyin"

1. zuò qìchē _____
2. mǎi dōngxi _____
3. chī píngguǒ _____
4. hē shuǐ _____
5. tīng lùyīn _____
6. qù yínháng _____

七　填写正确的汉字　املأ الفراغات بالمقاطع الصينية المناسبة

_____我家不远有一个书_____。那个书_____的_____很多。我常常一_____人去买_____。有时候也和朋_____一_____去。我在书_____认_____了一_____人，他就在书_____工作。他给我介_____了很多好_____。我认_____这_____朋_____很高_____。

八　写出含有偏旁"贝"或"夕"的汉字
اكتب مقاطع صينية بالحرف "贝" أو "夕"

　　　　huòyuán　　　　　guì　　　　　　míng
1. 售_____　　2. 很_____　　3. _____字

　　　　duō　　　　　　　suì
4. 不_____　　5. 十_____

九　交际练习　تمارين التواصل

你和大卫一起去水果店买水果，你们问老板水果的价格及怎么支付。

ذهبت مع ديفيد إلى محل الفواكه وسألتم صاحب المحل عن ثمن الفواكه وكيفية الدفع.

11 我要买橘子

考考你

你能写出多少个偏旁是"亻"的汉字?

nǐ	tā	nín	zuò	zhù
1. ___	2. ___	3. ___	4. ___	5. ___

men	tǐ	zuò	shén	xiū
6. 她___	7. 身___	8. 工___	9. ___么	10. ___息

hou	fù	jiàn	pián	xìn
11. 时___	12. ___钱	13. 邮___	14. ___宜	15. 微___

汉字笔顺表

① 元 yuán
一 二 テ 元

② 块 kuài 扌 + 夬
一 十 土 圢 圬 块 块   塊

③ 毛 máo
丿 二 三 毛

④ 角 jiǎo ⺈ + 用
丿 ⺈ ⺈ 角 角 角 角

⑤ 斤 jīn
丿 厂 斤 斤

11 我要买橘子

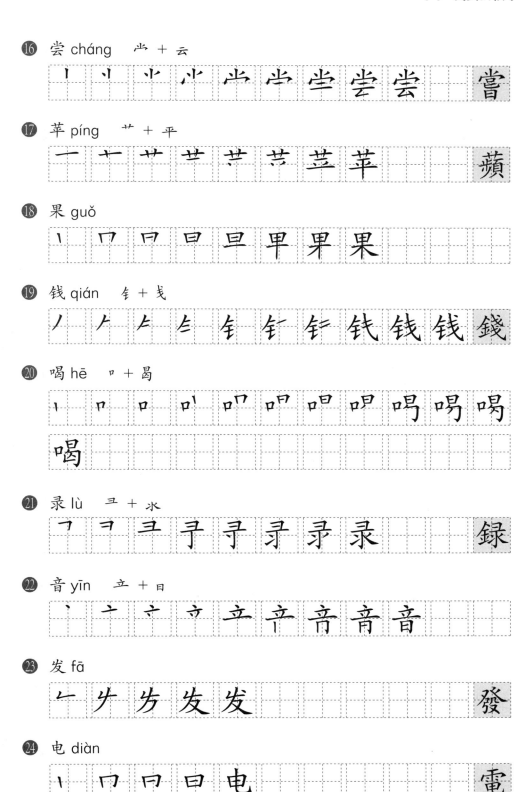

㉕ 邮 yóu 由 + 阝

㉖ 件 jiàn 亻 + 牛

㉗ 瓶 píng 并 + 瓦

㉘ 橘 jú 木 + 矞

需要（2）

12 我想买毛衣

أريد أن أشتري كنزة

一 熟读词语　اقرأ الكلمات مرارا وتكرارا

天	想	件
一~	~妈妈	一~衣服
~冷了	~家	两~上衣
冷~	~回家	一~事（shì, أمر）
	~休息	

极了	再	少
忙~	~想想	很~
累~	~吃点儿	不~
高兴~	~来	~了一块钱
贵~	~喝点儿	

二 给下面的词语注音，并给反义词连线
اكتب الكلمات التالية ب "*pinyin*" واربط بخط الكلمة بمضادها

小 _____　　　　坏 __huài__

少 _____　　　　贵 _____

长 _____　　　　短 _____

便宜 _____　　　多 _____

好 __hǎo__　　　　大 _____

67

三　选词填空　املأ الفراغات بالكلمات الصحيحة

什么　怎么　怎么样　哪儿　谁　几　多少

1. 他们学校有_____学生？

2. 他的名字_____写？

3. 他们都在_____上课？

4. 他有_____个美国朋友？

5. 他爸爸妈妈的身体_____？

6. 你爸爸做_____工作？

7. _____是你们的老师？

四　写出动词　ضع لهذه الكلمات الفعل المناسب

1. _____衣服　　2. _____饮料　　3. _____微信

4. _____生词　　5. _____宿舍　　6. _____东西

7. _____饭　　　8. _____电影　　9. _____汉语

10. _____汽车

五　完成对话　أكمل الحوارات التالية

1. A：你要喝_____？（饮料）

   B：要。

   A：_____？（什么）

   B：可口可乐。

2. A：＿＿＿＿＿＿＿＿＿＿＿＿＿＿？（哪儿）

   B：去手机商店买手机。

   A：你没有手机吗？

   B：我的手机不好，＿＿＿＿＿＿＿＿＿＿好的。（想）

3. A：上课的时候可不可以发微信？

   B：＿＿＿＿＿＿＿＿＿＿，你下课的时候发吧。（不）

4. A：你现在上网吗？

   B：＿＿＿＿＿＿＿＿＿＿，我很累，我想休息一下儿。

六 仿照例句完成句子　أكمل الجمل التالية حسب المثال

例：这个教室<u>不大也不小</u>。

1. 那件衣服＿＿＿＿＿＿＿＿＿＿＿＿＿＿。
2. 那个商店的东西＿＿＿＿＿＿＿＿＿＿＿。
3. 我的钱买电脑＿＿＿＿＿＿＿＿＿＿＿＿。
4. 他家离学校＿＿＿＿＿＿＿＿＿＿＿＿＿。

七 填写正确的汉字　املأ الفراغات بالمقاطع الصينية المناسبة

我来哈尔滨（Hā'ěrbīn，هاربن،مدينةصينية）四天了。这儿天太＿＿＿＿了。我的衣＿＿＿＿很＿＿＿＿，所以昨＿＿＿＿去买了一＿＿＿＿大衣，今＿＿＿＿就＿＿＿＿在身上了。

我住＿＿＿＿宾馆（bīnguǎn，فندق），上午、下午工＿＿＿＿很忙，很＿＿＿＿，晚＿＿＿＿回宾馆就想睡＿＿＿＿。

八 写出含有偏旁"扌"或"阝"的汉字
اكتب مقاطع صينية بالحرف "扌" أو "阝"

              jī   lóu   xiào   jú

1. 手___   2. 大___   3. 学___   4. ___子

              yàng   jí   dōu   yóu

5. 怎么___   6. 好___了   7. ___来   8. ___局

九 交际练习   تمارين التواصل

你和同学设计一段买衣服的对话。

قم بحوار مع زميلك عن شراء الملابس.

你想想

"大口吃进小口"是哪个汉字？

汉字笔顺表

① 小 xiǎo

亅 小 小

② 可 kě   丁 + 口

一 丆 可 可 可

12 我想买毛衣

⑪ 穿 chuān 宀 + 牙
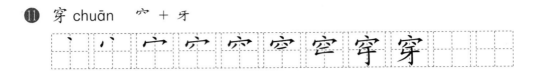

⑫ 服 fú 月 + 艮
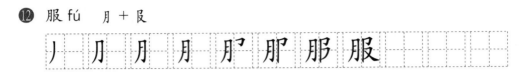

⑬ 试 shì 讠 + 式
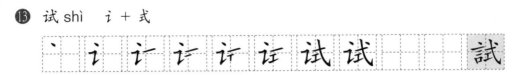

⑭ 吃 chī 口 + 乞
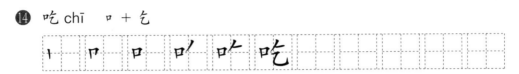

⑮ 外 wài 夕 + 卜

需要（3）

13　要换车

تحويل الحافلات

一　熟读词语　اقرأ الكلمات مرارا وتكرارا

刷	换	到
~卡	~车	~北京了
~手机	~衣服	~站
~牙（yá, سن）	~鞋	收~微信
	~几号线	~上课的时间

张	会	一点儿
一~票	~说汉语	买~东西
两~地图	~做饭	喝~可乐
一~床	不~来	要便宜~的
	~写生词	懂~汉语

二　选择正确答案　اختر الأجوبة الصحيحة

1. 他今年28_____了。　　A. 年　　B. 岁
2. 现在_____。　　　　　A. 二点十五分　　B. 两点一刻
3. 我买两_____电影票。　A. 张　　B. 个
4. 他给我一_____书。　　A. 个　　B. 本
5. 他有一_____中国地图。A. 张　　B. 个

三 组词成句（有的词可以用两次）
كون جملا مفيدة بالكلمات التالية (يمكن استخدام بعض الكلمات مرتين)

1. 他　汉语　说　会　了　一点儿

   _____

2. 现在　不　十点　半　了　来　会　他

   _____

3. 姐姐　妹妹　地图　本子　张　一　个　给

   _____

4. 去　换　天安门　要　吗　车

   _____

四 完成对话　أكمل الحوارات التالية

1. A：_____？（做饭）

   B：我会做。

   A：_____？（中国菜）

   B：不会，我会做日本菜，星期六晚上请你来我家尝尝。

   A：_____！

2. A：你要_____？（什么）

   B：我要喝可口可乐。

   A：_____？（别的）

   B：不要了。

3. A：你朋友_____？（几）

   B：八点来。

   A：现在八点十分了，她_____？（会）

   B：会，路上车很多，可能（kěnéng, ربما）晚一点儿。

4. A：今天晚上_____，好吗？（电影）

   B：好，中国电影吗？

   A：不是。

   B：_____？（哪）

   A：法国的。

   B：好，我们_____。（一起）

五 改错句　صحح الأخطاء في الجمل التالية

1. 我会说汉语一点儿。

   → _____

2. 他是日本人的留学生。

   → _____

3. 我说汉语不会。

   → _____

4. 他一本书给我。

   → _____

5. 都他们三人是很忙。

   → _____

六 根据拼音写汉字　اكتب الكلمات التالية بالصينية حسب "pinyin"

1. dǒng Yīngyǔ _____　　2. nǎ guó diànyǐng _____

3. shuā kǎ _____　　4. méi dào zhàn _____

七 用汉字填空　املأ الفراغات بالمقاطع الصينية الصحيحة

我和大卫都_____去颐和园（Yíhé Yuán，القصر الصيفي）玩儿，可是（kěshì，لكن）我们两_____人_____不知_____怎_____去。_____刘京，刘京_____："颐和园_____这儿_____近，在学_____门口（ménkǒu，باب）坐_____西去的690路汽车就可以到颐和园的东门。"明天是_____期六，我们_____课，我和大卫明天_____完早饭以后（yǐhòu，بعد）就_____颐和园_____。

八 写出含有偏旁"扌"的汉字　اكتب مقاطع صينية مع الحرف "扌"

　　　dǎ　　　　　tóu　　　　　huàn　　　　zhǎo

1. _____球　2. _____币　3. _____钱　4. _____人

九 交际练习　تمارين التواصل

你和同学要去公园玩儿，但不知道怎么买票、怎么去，你们设计一段买票、问路的对话。

ستذهب مع زميلك إلى الحديقة لكنكم لا تعرفون كيف تشترون التذاكر وكيف تصلون إلى هناك. قم بحوار عن هذا الموضوع حول شراء التذاكر والسؤال عن الاتجاهات.

13 要换车

> **你看看**
>
> 圈出每组汉字不一样的部分，如：宿安，然后给汉字注音。
>
> 1. 员_____ 货_____ 贵_____
> 2. 远_____ 近_____ 道_____
> 3. 问_____ 间_____
> 4. 我_____ 找_____

汉字笔顺表

① 换 huàn 扌 + 奂

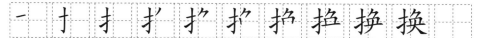

② 到 dào 至 + 刂

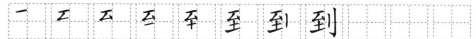

③ 站 zhàn 立 + 占

④ 说 shuō 讠 + 兑

13 要换车

⑬ 投 tóu 扌 + 殳

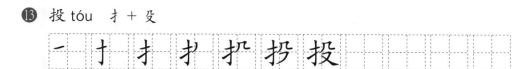

⑭ 币 bì

⑮ 法 fǎ 氵 + 去

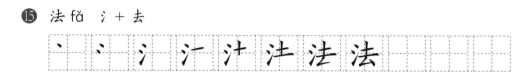

需要（4）

14 我要去换钱

أنا ذاهب لتحويل العملة

一 熟读词语　اقرأ الكلمات مرارا وتكرارا

里	带	时间
家～	～东西	有～
书～	～卡	没～
房间～	～你去	～不早了
电话～	～给他	～不多

花	这样	等
～时间	～做	～我
～钱	～写	我～你
	～念	在房间～

二 给下面的词语注音，然后选词填空

اكتب الكلمات التالية ب "pinyin" واملأ الفراغات بالكلمات المناسبة

想_____　会_____　能_____　要_____　可以_____

1. 大夫说他身体不好，不_____走很远的路。

2. 你_____汉语，请你看看，这信里说了什么。

3. 我看看你的本子，_____吗？

4. 你_____喝可乐吗？

5. A：你去那个商店，你_____买什么？

   B：听说那个商店很大，东西很多，我_____去看看。

6. A：下课的时候_____不_____在教室里吸烟（xī yān，دخّن）？

   B：我_____不_____。

三 完成对话　أكمل الحوارات التالية

1. A：_____，请你在这儿等等，我回去拿（ná，أحضر、جلب）_____。（带　手机）

   B：_____！我等你。（快）

2. A：昨天你去商店了没有？

   B：_____。（去）

   A：_____？（买）

   B：没买东西。

3. A：小明的_____，你知道吗？（手机号码）

   B：知道，我_____。（手机　有）

4. A：你的中国名字_____？（怎么）

   B：这样写。

四 给括号内的词语找到适当的位置　ضع الكلمات بين القوسين في مكانها المناسب

1. 你 A 西走，B 到80号就是 C 小王的家 D。　　　　（往）

2. 我昨天 A 去商店了 B，C 买东西。　　　　　　　（没）

3. 你 A 等等，B 他 C 很快 D 来。　　　　　　　　（就）

4. 我昨天 A 不忙 B，今天 C 忙 D。　　　　（了）

5. 去年（qùnián，السنة الماضية）来的时候 A 想家 B，（了）
   现在 C 不想 D。

五 写出动词的宾语　　ضع المفعول به لهذه الأفعال

1. 坐_____　　2. 听_____　　3. 写_____

4. 发_____　　5. 做_____　　6. 起_____

7. 穿_____　　8. 找_____　　9. 喝_____

10. 说_____

六 填写正确的词语　　املأ الفراغات بالكلمات الصحيحة

我的人民币都_____了，我要去_____换_____。玛丽说："_____是星期日，_____休息，我这儿有_____，你要_____？"我说："五百块。"玛丽说："给_____。"我说："谢谢，_____换了人民币我还（huán，سدد الدين）_____。"

七 改错句　　صحح الأخطاء في الجمل التالية

1. 明天我没去公园。

→ _____

2. 昨天他没来上课了。

→ _____

3. 和子常常做日本菜了。

→ _____

4. 昨天我不来了。

   → _____

八 写出含有偏旁 "攵" 或 "钅" 的汉字
اكتب مقاطع صينية بالحرف "攵" أو "钅"

      jiào   zuò   shǔ   shù

1. _____室   2. _____饭   3. _____ _____

      qián   yín

4. 换_____   5. _____行

九 交际练习   تمارين التواصل

你和同学设计一段关于在银行换钱的对话。
قم بحوار مع زميلك عن تحويل العملة في البنك.

你看看

圈出每组汉字不一样的部分，如：宿安，然后在横线上写一个汉字，与给出的汉字组成一个词。

1. 几 儿_____   2. 个 介_____
3. 休_____ _____体   4. 太 大_____ _____天

汉字笔顺表

① 里 lǐ

② 能 néng　⺼ + 㔾

③ 数 shǔ　娄 + 攵

④ 快 kuài　忄 + 夬

⑤ 营 yíng　艹 + 冖 + 吕

⑥ 业 yè

⑦ 美 měi　羊 + 大

⑧ 百 bǎi

14 我要去换钱

❾ 民 mín

❿ 签 qiān　⺮ + 金

⓫ 话 huà　讠 + 舌

⓬ 码 mǎ　石 + 马

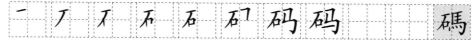

⓭ 念 niàn　今 + 心

⓮ 等 děng　⺮ + 寺

需要（5）

15 我要照张相

أريد أن أتلقط صورة

一　熟读词语　اقرأ الكلمات مرارا وتكرارا

到	挑	关
买~	~衣服	~机
找~	~两本书	~电视
学~	~几朵花儿	~电脑
回~		~上

照相	完	
没~	吃~	
给你~	喝~	
照一张相	做~	
	写~	

二　给下面的词语注音，然后选词填空
اكتب الكلمات التالية ب "pinyin" واملأ الفراغات بالكلمات المناسبة

对____　完____　通____　到____　懂____

1. 我找_____那本书了。

2. 你说_____了，她今天真的没来上课。

3. 请你再说一遍，我没听_____。

4. 那瓶酒他喝_____了。

15 我要照张相

5. 我给他打电话没打＿＿＿＿＿。

三 组词成句　كون جملا مفيدة بالكلمات التالية

1. 好看　这　真　种　鲜花儿

   ＿＿＿＿＿＿＿＿＿＿＿＿＿＿＿＿＿＿＿＿

2. 我　妈妈　电话　给　打　了

   ＿＿＿＿＿＿＿＿＿＿＿＿＿＿＿＿＿＿＿＿

3. 这　本子　个　不　好　吗　换　一下儿　能

   ＿＿＿＿＿＿＿＿＿＿＿＿＿＿＿＿＿＿＿＿

4. 你　请　我　电话费　交　帮　一下儿

   ＿＿＿＿＿＿＿＿＿＿＿＿＿＿＿＿＿＿＿＿

四 完成对话　أكمل الحوارات التالية

1. A：＿＿＿＿＿＿＿＿＿＿＿＿＿＿＿？（谁　衣服）

   B：是我妹妹的。

   A：真好看，＿＿＿＿＿＿＿＿＿＿＿＿？（吗）

   B：我不能穿，太小了。

2. A：＿＿＿＿＿＿＿＿＿＿＿＿＿＿＿？（手机　吗）

   B：不是我的，是大卫新买的。

   A：这个＿＿＿＿＿＿＿＿＿＿＿＿？（怎么样）

   B：我不知道，大卫说很不错。

3. A：昨天买的苹果我吃完了，你呢？

   B：还＿＿＿＿＿＿＿＿＿＿＿＿＿＿，还有一个。

4. A：听说你工作＿＿＿＿＿＿＿＿＿＿＿＿＿。（极了）

　　B：对，晚上常常工作＿＿＿＿＿＿＿＿＿＿＿。（到）

　　A：你身体＿＿＿＿＿＿＿＿＿＿＿？（怎么样）

　　B：＿＿＿＿＿＿＿＿＿＿＿＿。（不错）

　　A：要多休息啊。

　　B：＿＿＿＿＿＿＿＿！

五 根据拼音写汉字　اكتب الكلمات التالية بالصينية حسب "*pinyin*"

A：Wǒ lèi le, xiǎng qù nàr zuòzuo.

　　＿＿＿＿＿＿＿＿＿＿＿＿＿＿＿＿＿＿＿＿＿＿＿＿＿

B：Děng yi děng, zhèr de huār hěn hǎokàn, nǐ gěi wǒ

　　＿＿＿＿＿＿＿＿＿＿＿＿＿＿＿＿＿＿＿＿＿＿＿＿＿

zhào zhāng xiàng, hǎo ma?

　　＿＿＿＿＿＿＿＿＿＿＿＿＿＿＿＿＿＿＿＿＿＿＿＿＿

A：Hǎo, zhàowánle zài qù.

　　＿＿＿＿＿＿＿＿＿＿＿＿＿＿＿＿＿＿＿＿＿＿＿＿＿

六 填写正确的词语　املأ الفراغات بالكلمات الصحيحة

　　今晚我们学校＿＿＿＿＿＿电影，中午我想＿＿＿＿＿＿玛丽打＿＿＿＿＿＿，请＿＿＿＿＿＿来我们＿＿＿＿＿＿看＿＿＿＿＿＿。可是我的＿＿＿＿＿＿怎么没有了？没有＿＿＿＿＿＿怎么打＿＿＿＿＿＿？这时候，小王叫我："小李，小李，你的＿＿＿＿＿＿我找＿＿＿＿＿＿了，在教室里。"我听了，高兴地说："太好了，谢谢你！"

七 写出含偏旁 "纟" 或 "亻" 的汉字
اكتب مقاطع صينية بالحرف " 纟 " أو " 亻 "

shào	jié	jì	jīn
1. 介____	2. ____婚	3. ____念	4. ____天

ge	huì	niàn	ná
5. 一____	6. ____来	7. 纪____	8. ____来

八 交际练习　تمارين التواصل

你喜欢照相吗？你一般什么时候照相？说说和照相有关的一件事。
هل تحب التصوير؟ متى تأخذ الصورة عادة؟ حدث عن أمر يتعلق بأخذ الصورة.

你想想

"一人有一口一手" 是什么字？

汉字笔顺表

① 哎 āi　口 + 艾

丨　口　口　口⁻　吖　哎　哎　哎

② 呀 yā　口 + 牙

丨　口　口　口⁻　吖　呀　呀

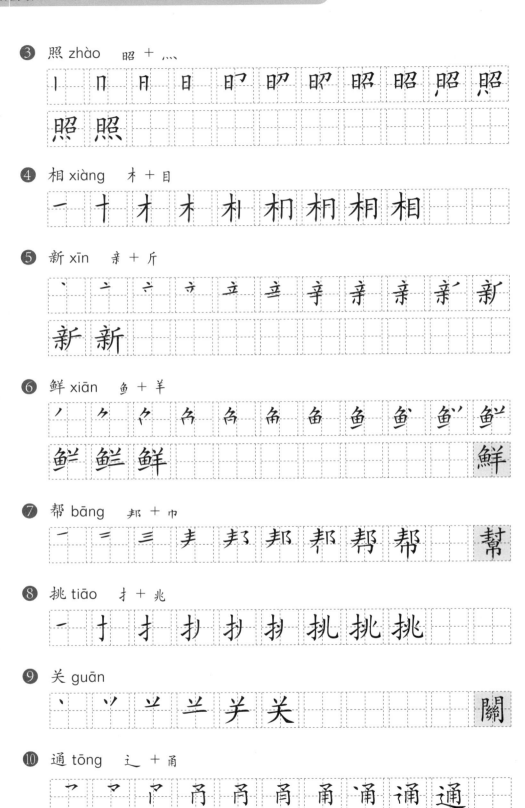

15 我要照张相

⑪ 错 cuò　钅+ 昔

⑫ 真 zhēn　直 + 八

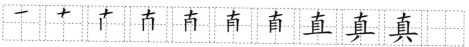

⑬ 风 fēng

⑭ 景 jǐng　日 + 京

⑮ 费 fèi　弗 + 贝

⑯ 拿 ná　合 + 手

⑰ 完 wán　宀 + 元

相约（1）

16 你看过京剧吗

هل شاهدت أوبرا بكين

一 熟读词语　اقرأ الكلمات مرارا وتكرارا

过	演	以后
吃~	~京剧	工作~
去~	~电影	休息~
没见~	~什么	来中国~
没来~		收到微信~

告诉	名
~他	~酒
没~别人	~茶
~过我	~人
不~他	~校

二 给下面的词语注音，然后选词填空

اكتب الكلمات التالية ب "*pinyin*" واملأ الفراغات بالكلمات المناسبة

| 应该_____ | 行_____ | 过_____ | 了_____ |
| 当然_____ | 想_____ | 会_____ | |

1. A：你想去长城吗？

   B：_____想。

16 你看过京剧吗

2. A：学过的词你都会念吗？

   B：＿＿＿＿会吧。

3. A：这种茶你喝＿＿＿＿没有？

   B：没喝＿＿＿＿，听说不太好喝。

4. A：昨天我去看电影＿＿＿＿，你去看＿＿＿＿没有？

   B：没去看，我在上海看＿＿＿＿。

5. A：上课的时候睡觉，＿＿＿＿吗？

   B：我＿＿＿＿不＿＿＿＿。

6. A：小王去哪儿了？

   B：现在是吃饭时间，他＿＿＿＿在食堂吧。

   A：我找＿＿＿＿了，他不在。

   B：＿＿＿＿不＿＿＿＿吃完饭回宿舍了？

   A：我去看看。

三 完成句子　أكمل الجمل التالية

1. 听说上海很不错，我还＿＿＿＿＿＿＿＿。

2. 我不懂法语，我没＿＿＿＿＿＿＿＿。

3. 我去那个饭店吃＿＿＿＿＿＿＿＿，我知道那儿的饭菜很好吃，价钱也＿＿＿＿＿＿＿＿。

4. 我没＿＿＿＿＿＿＿＿，不知道那个地方好不好。

5. 九点了，他还＿＿＿＿＿＿＿＿，昨天晚上他没睡觉吗？

四 完成对话   أكمل الحوارات التالية

1. A：小王，快来，_____！（有 找）

   B：知道了，谢谢。

2. A：我们的英国朋友回国了，你知道吗？

   B：不知道，_____。（没 告诉）

3. A：我写给你的电子邮件_____？（收到）

   B：没有。

4. A：我们想请王老师给我们_____。（介绍 京剧）

   B：好，我问问他_____。（有 时间）

   A：你问了以后_____。（给 打电话）

五 改错句   صحح الأخطاء في الجمل التالية

1. 你学过了汉语没有？

   → _____

2. 我不吃过烤鸭。

   → _____

3. 他常常去过留学生宿舍。

   → _____

4. 你看电视过了没有？

   → _____

5. 他还没结婚过呢！

   → _____

16 你看过京剧吗

六 根据拼音写汉字　　"pinyin" اكتب الكلمات التالية بالصينية حسب

1. Gěi péngyou zhǎo gōngzuò.
   _____

2. Yǒu rén qǐng nǐ jièshào yíxiàr Shànghǎi.
   _____

3. Zhè jiàn shì néng gàosu tā ma?
   _____

七 填写正确的词语　املأ الفراغات بالكلمات الصحيحة

我在_____前边等朋友，一个外国留学生_____："请问，美国留学生大卫住在八号楼哪个房间？"我_____："我也不_____，我不_____八号楼，你进去问问宿舍的服务员（fúwùyuán, نادل），她_____。"这个_____听了就_____："谢谢！"她就进八号楼了。

八 写出含有偏旁"氵"或"土"的汉字
اكتب مقاطع صينية بالحرف " 氵 " أو " 土 "

　　　　jiǔ　　　　Hàn　　　　méi　　　　yǎn
1. ____吧　2. ____语　3. ____有　4. ____京剧

　　　　dì　　　　chǎng　　　　kuài
5. ____图　6. 操____　7. 一____钱

九 交际练习　تمارين التواصل

来到中国以后，你吃过什么有名的中国菜（Zhōngguócài, أكلة صينية）?
ما هي الأكلات الصينية المشهورة التي تذوقتها بعد وصولك إلى الصين؟

你想想

"上下"在一起，少了一个"一"，这是什么字？

汉字笔顺表

① 过 guò　辶 + 寸

一 十 寸 寸 讨 过　　過

② 剧 jù　居 + 刂

一 コ ア 尸 尸 居 居 居 剧 剧　劇

③ 演 yǎn　氵 + 寅

丶 冫 氵 汀 汀 浐 浐 浐 浐 浐
淯 演 演

④ 后 hòu

一 厂 斤 斤 后 后　　後

16 你看过京剧吗

⑤ 告 gào　牛+口
丿 𠂉 ⺧ 牛 牛 告 告

⑥ 诉 sù　讠+斥
丶 讠 讠 讠 诉 诉 诉　訴

⑦ 烤 kǎo　火+考
丶 ⺌ 少 火 𠬝 𠬝 烤 烤 烤

⑧ 鸭 yā　甲+鸟
丨 冂 日 日 甲 甲 鸭 鸭 鸭 鸭　鴨

⑨ 应 yīng　广+䒑
丶 亠 广 庁 庁 应 应　應

⑩ 该 gāi　讠+亥
丶 讠 讠 讠 该 该 该 该　該

⑪ 意 yì　立+曰+心
丶 亠 亠 立 产 音 音 音 意
意 意

⑫ 思 sī　田+心
丨 冂 日 田 田 思 思 思

⑬ 当 dāng　⺌ + 彐

｜　⺌　⺌　当　当　当　　　　　　當

⑭ 然 rán　夕犬 + 灬

丿　ク　夕　夕　夕-　夕卜　夕犬　夕犬、　夕犬丶　然　然
然

⑮ 菜 cài　艹 + 采

一　十　艹　艹　芇　芇　莁　莖　莖　菜　菜

⑯ 事 shì

一　丁　亓　亖　亖　写　写　事

⑰ 价 jià　亻 + 介

丿　亻　亻'　价　价　价　　　　　　　價

⑱ 收 shōu　丩 + 攵

乚　丩　丩'　丬丶　忄丶　收

⑲ 典 diǎn　曲 + 八

丨　冂　冂　由　曲　曲　典　典

⑳ 快 kuài　忄 + 夬

丶　丶丶　忄　忄　忄-　快　快

16 你看过京剧吗

㉑ 递 dì　辶 + 弟

㉒ 杂 zá　九 + 木

㉓ 技 jì　扌 + 支

相约（2）

17 去动物园

الذهاب إلى حديقة الحيوانات

一 熟读词语　　اقرأ الكلمات مرارا وتكرارا

上	下	接
～个星期	～个星期	～朋友
～（个）月	～（个）月	～电话
楼～	楼～	～球
车～		

条		最
一～路		～好
一～船		～长
一～裤子（kùzi，بنطلون）		～便宜
		～好看

二 写出动词　　ضع لهذه الكلمات الفعل المناسب

1. _____自行车　　2. _____朋友　　3. _____地铁

4. _____电话　　5. _____熊猫　　6. _____船

7. _____价钱　　8. _____东西

17 去动物园

◎ 三 用"来"或"去"填空   املأ الفراغات ب "来" أو "去"

1. A：玛丽在楼上，我去叫她下_____玩儿。

   B：我跟你一起上_____叫她吧。

2. A：王兰在这儿吗？

   B：不在，她在楼下，你下_____找她吧。

3. A：十二点了，你们在这儿吃饭吧！

   B：不，我们回_____吃，谢谢！

4. A：九点了，你哥哥怎么还不回_____？

   B：你看，我哥哥回_____了。

5. A：打球还少一个人，大卫呢？

   B：在宿舍里，你进_____叫他来。

   A：他的宿舍就在操场旁边，你在这儿叫他就行。

   B：大卫，快出_____打球！

◎ 四 用"还是"提问   اطرح أسئلة ب "还是"

1. A：_____？

   B：不喝可乐，我喝咖啡。

2. A：_____？

   B：上海和香港（Xiānggǎng, Hongkong）我都想去。

3. A：_____？

   B：我要买橘子，不买苹果。

4. A：＿＿＿＿＿＿＿＿＿＿＿＿＿＿＿＿＿＿？

   B：这个星期天我不去公园，我想去动物园。

5. A：＿＿＿＿＿＿＿＿＿＿＿＿＿＿＿＿＿＿？

   B：我不坐汽车，也不坐地铁，我想骑自行车去。

五 填写正确的词语   املأ الفراغات بالكلمات الصحيحة

❶听说《我的姐姐》这＿＿＿＿电影很＿＿＿＿，❷我和王兰都＿＿＿＿去看。❸王兰＿＿＿＿："我知道这＿＿＿＿电影在哪儿＿＿＿＿，明天我们＿＿＿＿去。"我＿＿＿＿："怎么去？"她＿＿＿＿："我＿＿＿＿自行车去。"我说："我没有自行车。"❹王兰＿＿＿＿："那我们＿＿＿＿坐公交车去吧。"

六 用"怎么样、谁、什么时候、还是"把上面带序号的句子改成疑问句

غير الجمل 1-4 في السؤال الخامس إلى جمل استفهامية باستخدام
"还是、什么时候、谁、怎么样"

1. ＿＿＿＿＿＿＿＿＿＿＿＿＿＿＿＿＿＿＿＿＿＿

2. ＿＿＿＿＿＿＿＿＿＿＿＿＿＿＿＿＿＿＿＿＿＿

3. ＿＿＿＿＿＿＿＿＿＿＿＿＿＿＿＿＿＿＿＿＿＿

4. ＿＿＿＿＿＿＿＿＿＿＿＿＿＿＿＿＿＿＿＿＿＿

17 去动物园

七 说话人在哪儿？请连线 أين المتكلم؟ اربط بخط الجمل التالية بالجواب الصحيح

1. 你们进来喝茶。
2. 刘京快下来玩儿！
3. 我们上去找他，好吗？
4. 快出来欢迎，朋友们都来了。
5. 我想下去走走，你呢？
6. 外边很冷，我们快进去吧。

里边
上边
外边
下边

八 写出含有偏旁"口"的汉字 اكتب مقاطع صينية مع الحرف "口"

1. ___家 (huí)   2. 公___ (yuán)   3. 中___ (guó)   4. 地___ (tú)

九 交际练习 تمارين التواصل

来中国以后，你去哪儿旅游过？
أين زرت بعد أن أتيت إلى الصين؟

你想想

"大口吃进一块钱"是什么字？

汉字笔顺表

❶ 气 qì

丿 𠂉 与 气   氣

103

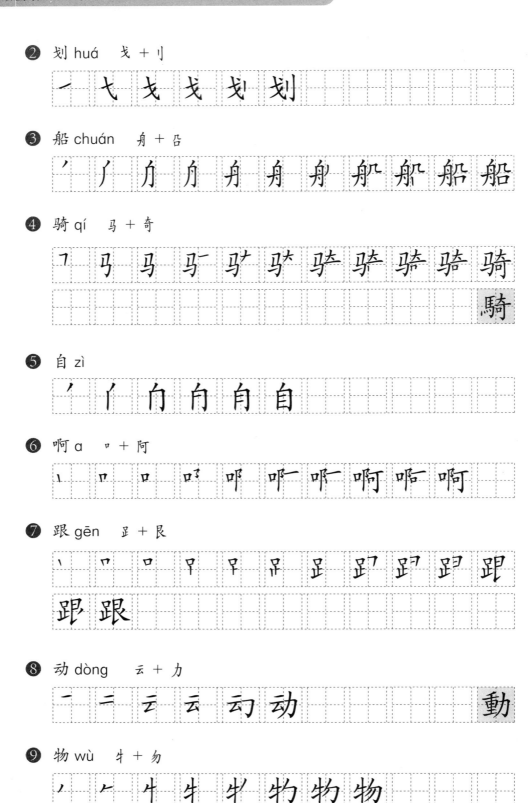

17 去动物园

⑩ 熊 xióng　能 + 灬

⑪ 猫 māo　犭 + 苗

⑫ 接 jiē　扌 + 妾

⑬ 考 kǎo　耂 + 丂

⑭ 条 tiáo　夂 + 朩

⑮ 最 zuì　曰 + 取

迎接（1）

18 路上辛苦了

كانت الرحلة متعبة

一 熟读词语　اقرأ الكلمات مرارا وتكرارا

从	先	辛苦
~美国来	~走了	~了
~这儿坐公交车去	~看看，再买	~你了
~北京到上海	~洗手，再吃饭	工作很~
~八点到十点		

一会儿	毕业	开
坐~	大学~	~车
休息~	中学~	火车~了
等~	毕了业就（工作）	~商店
~我就来		~门（mén，باب）

二 用上面的词语填空　املأ الفراغات بالكلمات المذكورة أعلاه

1. 你走累了，就在这儿＿＿＿＿＿＿吧。

2. 我去年＿＿＿＿＿＿进这家公司工作了。

3. 他很忙，现在有个电话要接，请你＿＿＿＿＿＿好吗？

4. A：明天怎么去北海公园？

　　B：我哥哥会＿＿＿＿＿＿，我们坐他的车去。

18 路上辛苦了

三 用"要……了""快要……了""就要……了"完成句子
أكمل الجمل التالية بـ "要……了" و "快要……了" و "就要……了"

1. _____，我想下个月开始找工作。

2. _____，我们快上车吧。

3. _____（到 北京），我下飞机以后，先给朋友打个电话。

4. 大卫_____，我们等他一下儿。

5. 饭_____，你们就在我家吃饭吧。

四 完成对话 أكمل الحوارات التالية

1. A：小王，你不能喝酒。
   B：_____？
   A：一会儿你还要_____呢！
   B：我的车，我弟弟_____（开走）
   A：那你_____？
   B：我坐出租车回去。

2. A：_____？（什么酒）
   B：我不喝酒。
   A：_____？
   B：今天我开车。
   A：好吧，你不喝，我也不喝了。

五 写出动词的宾语　ضع المفعول به لهذه الأفعال

1. 吃{＿＿＿　2. 喝{＿＿＿　3. 看{＿＿＿　4. 坐{＿＿＿

六 填写正确的词语　املأ الفراغات بالكلمات الصحيحة

❶ 我去年二月＿＿＿＿美国来中国。❷ 在飞机上，我＿＿＿＿大卫就认识了。他就坐＿＿＿＿我旁边。飞机＿＿＿＿北京以后，我们很快就＿＿＿＿了。❸ 还没有走出机场，就有学校＿＿＿＿人来接＿＿＿＿，❹ 他们在出租车上告诉了我们住的房间号。

七 用"是……的"把上面带序号的句子改成疑问句，并回答第 4 题
غير الجمل 1-4 في السؤال السادس إلى جمل استفهامية باستخدام "是……的" وأجب عن سؤال الجملة الرابعة

1. ＿＿＿＿＿＿＿＿＿＿＿＿＿＿？（时候）
2. ＿＿＿＿＿＿＿＿＿＿＿＿＿＿？（哪儿　认识）
3. ＿＿＿＿＿＿＿＿＿＿＿＿＿＿？（谁　接）
4. ＿＿＿＿＿＿＿＿＿＿＿＿＿＿？（怎么来）

八 写出含有偏旁"刂"或"亻"的汉字
اكتب مقاطع صينية بالحرف " 刂 " أو " 亻 "

1. ＿＿huá船　2. ＿＿dào北京　3. 两点一＿＿kè　4. 京＿＿jù

5. ＿＿hěn多　6. 银＿＿háng　7. ＿＿wǎng前走

18 路上辛苦了

九 交际练习　تمارين التواصل

设计一段你去机场接朋友的对话。
قم بحوار عن موضوع استقبال صديق في المطار.

> **你想想**
>
> "行"有哪两个读音？你能写出两个读音不同的有"行"的词吗？

汉字笔顺表

① 从 cóng　丿 + 人

丿 人 从 从　　　　　　　　　從

② 飞 fēi

飞 飞 飞　　　　　　　　　　飛

③ 概 gài　木 + 既

一 十 才 木 术 杠 杠 桓 桓 桓 椛
椛 概

④ 先 xiān

丿 ⺊ 牛 牛 先 先

⑤ 辛 xīn　立 + 十

、　亠　六　立　立　立　辛

⑥ 苦 kǔ　艹 + 古

一　十　艹　艹　芏　苎　苦　苦

⑦ 务 wù　夂 + 力

ノ　ク　夂　冬　务　　　　　務

⑧ 为 wèi

、　丷　为　为　　　　　　爲

⑨ 感 gǎn　咸 + 心

一　厂　厂　厂　厃　咸　咸　咸　咸　感
感　感

⑩ 贸 mào　卯 + 贝

ノ　ㄣ　ㄠ　卯　卯　卯　贸　贸　　貿

⑪ 易 yì　日 + 勿

丨　冂　日　日　日　見　易　易

⑫ 毕 bì　比(匕 + 匕) + 十

一　匕　比　比　毕　毕　　　　畢

⑬ 开 kāi

⑭ 啤 pí   口 + 卑

⑮ 租 zū   禾 + 且

⑯ 火 huǒ

迎接（2）

19 欢迎你

مرحبا بك

一 熟读词语　اقرأ الكلمات مرارا وتكرارا

别	送	以前
~客气	~朋友	来北京~
~不好意思	~给他一件衣服	吃饭~
~麻烦别人	不~了	睡觉~
	别~了	~的事

麻烦	不好意思	不用
太~	真~	~买
不~	太~了	~换车
~事儿		~接送
找~		~翻译
~别人		

二 用上面的词语填空　املأ الفراغات بالكلمات المذكورة أعلاه

1. 微信里的意思我都看懂了，你_____了。

2. 这件事我能做好，别_____。

3. 你去商店的时候_____你帮我买两瓶水来。

4. 你很忙，还来送我，_____。

5. 你的本子用完了，我有，给你，你_____了。

6. 我_____来这儿吃过，知道这儿的菜很好吃。

19 欢迎你

三 完成句子　أكمل الجمل التالية

1. 大卫，快_____！（接电话）
2. 你这是_____来中国？（第　次）
3. 那个地方我去过_____，不想再去了。（次）
4. 你帮我_____，我打个电话。（拿）
5. 明天你从我这儿去还是_____？（朋友）
6. 昨天我找了_____，他都不在家。（次）

四 组词成句　كون جملا مفيدة بالكلمات التالية

1. 他　玛丽　来　那儿　从
   _____

2. 我　法语　句　说　会　不　一　也
   _____

3. 他　动物园　多　去　很　次　过
   _____

4. 人　汉语　现在　多　学　的　很
   _____

五 完成对话　أكمل الحوارات التالية

1. A：这是北京的名菜，请尝尝_____！
   B：很好吃，这种菜以前我_____。
   （一……也没……）

2. A：我给你发的电子邮件，你＿＿＿＿＿＿＿＿？（收）

   B：这两天我忙极了，没时间＿＿＿＿＿＿＿＿。（网）

3. A：你＿＿＿＿＿＿＿＿了，我开车送你去。（坐　公交车）

   B：真＿＿＿＿＿＿＿＿。

4. A：昨天我给你打过三次电话，你＿＿＿＿＿＿＿＿。（接）

   B：我去长城了，没带手机。真对不起（duìbuqǐ，المعذرة）！

5. A：玛丽＿＿＿＿＿＿吗？

   B：她去楼下超市买水了，很快＿＿＿＿＿＿，你请进！（回）

   A：不用了，我在＿＿＿＿＿＿等＿＿＿＿＿＿吧。（她）

六　根据拼音写汉字　اكتب الكلمات التالية بالصينية حسب "pinyin"

1. Qǐng màn yìdiǎnr shuō, shuōkuàile wǒ bù dǒng.

   ＿＿＿＿＿＿＿＿＿＿＿＿＿＿＿＿＿＿

2. Fángjiān li tài rè le, wǒ chūqu zǒuzou.

   ＿＿＿＿＿＿＿＿＿＿＿＿＿＿＿＿＿＿

3. Zhè shì péngyou sòng gěi wǒ de shū.

   ＿＿＿＿＿＿＿＿＿＿＿＿＿＿＿＿＿＿

七　填写正确的词语　املأ الفراغات بالكلمات الصحيحة

小王今天给我打＿＿＿＿＿＿，他＿＿＿＿＿＿："＿＿＿＿＿＿两点我去你＿＿＿＿＿＿，还带一个朋友去。"我＿＿＿＿＿＿："他是谁？"他＿＿＿＿＿＿："到时候你就＿＿＿＿＿＿了。"

19 欢迎你

　　两点到了，小王来了，真的带来了一个女孩儿，小王给我介绍_____："她是我们的小学同学（tóngxué，زميلة الدراسة）李丽（Lǐ Lì）啊！"是李丽啊！我真不认识了。她变化（biànhuà，تغير）很大，现在是个漂亮（piàoliang，جميل）的姑娘（gūniang，فتاة）了。

八 写出含有偏旁"忄"的汉字　　اكتب مقاطع صينية بالحرف "忄"

　　　　kuài　　　　màn　　　　　dǒng　　　　máng
　　1.____说　　2.____走　　3.听____　　4.很____

九 交际练习　　تمارين التواصل

　　设计一段你邀请（yāoqǐng，دعا）朋友一起吃饭的对话。
　　قم بحوار عن موضوع دعوة صديقك للعشاء.

你会吗？

"数"有几个读音？你能写出它的读音吗？同时请分别造句。

汉字笔顺表

❶ 客 kè　 宀 + 各

丶　丶　宀　宀　灾　灾　客　客

❷ 第 dì　 ⺮ + 弔

丿　⺊　⺊　⺮　⺮　笋　笃　笃　第

19 欢迎你

⑫ 烦 fán   火 + 页

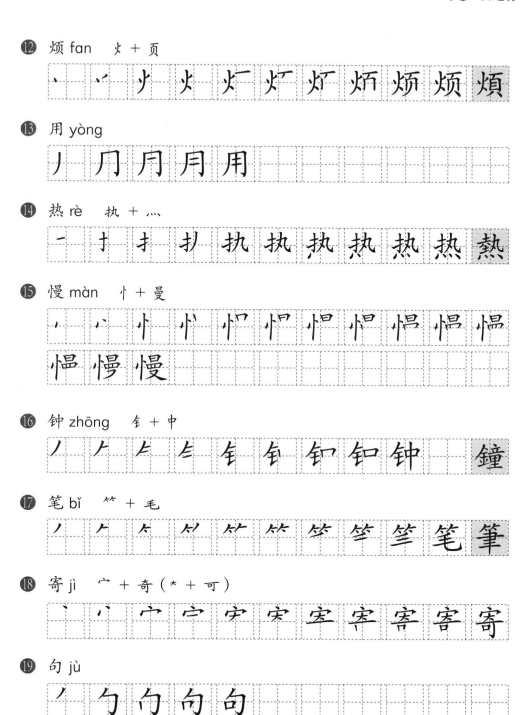

⑬ 用 yòng

⑭ 热 rè   执 + 灬

⑮ 慢 màn   忄 + 曼

⑯ 钟 zhōng   钅 + 中

⑰ 笔 bǐ   竹 + 毛

⑱ 寄 jì   宀 + 奇（大 + 可）

⑲ 句 jù

招待

20 为我们的友谊干杯

لنشرب نخب الصداقة

一 熟读词语 اقرأ الكلمات مرارا وتكرارا

过	像	一样
~来	~爸爸	~的生活
~去	不~妈妈	两种东西不~
~新年	~一家人	跟他的书~
~生日	~孩子一样	不~的价钱

洗	辆
~衣服	一~自行车
~手	两~汽车
~干净了	两~公共汽车
	两~出租车

二 选择正确的介词填空 املأ الفراغات بأحرف الجر الصحيحة

> 从　给　对　跟　离　往　在

1. 我_____朋友们一起去划船。

2. 中国银行_____这儿很近，_____前走，就在那个大楼一层。

3. 他不知道我的电话号码，没_____我打过电话。

4. 明天你_____家里来还是_____公司来？

5. 你_____公园旁边的小超市等我，一会儿我就回来。

6. 酒喝多了，_____身体不好。

三 给括号内的词语找到适当的位置　　ضع الكلمات بين القوسين في مكانها المناسب

1. 我朋友 A 车 B 开 C 很好 D。　　　　　　　　　　（得）
2. 这是 A 日本朋友 B 送给 C 我 D 照片。　　　　　　（的）
3. 我 A 早上 B 七点半 C 留学生食堂 D 吃早饭。　　　（在）
4. 他 A 工作 B 的地方 C 家 D 不太远。　　　　　　　（离）
5. 我 A 你 B 一起 C 去机场 D 接朋友。　　　　　　　（跟）
6. 汽车 A 别 B 前 C 开，D 前边没有路。　　　　　　（往）

四 完成对话（用上"得"字）　　أكمل الحوارات التالية (باستخدام "得")

1. A：_____？（北京　过）

   B：过得很不错。

2. A：你尝尝这个菜做_____？

   B：_____。（好吃）

3. A：_____？（今天　起）

   B：不，我起得很晚。

4. A：你会不会写汉字？

   B：会一点儿。

   A：_____？

   B：写得不太好。

5. A：听说你做中国菜_____。

   B：哪儿啊，我做得不好。

6. A：听说你英语、汉语说得都不错。

   B：英语还可以，汉语_____。

7. A：你看，那三个孩子_____。（玩儿　高兴）

   B：是啊，我想我们小时候也是这样的。

五 改错句　　صحح الأخطاء في الجمل التالية

1. 他说汉语很好。

   → _____

2. 她洗衣服得真干净。

   → _____

3. 他的书我的一样。

   → _____

4. 我会说法语一点儿。

   → _____

5. 他很慢吃饭。

   → _____

6. 他走很快。

   → _____

7. 昨天我不出去了。

   → _____

20 为我们的友谊干杯

8. 他想工作在贸易公司。

   → _____

9. 昨天他不翻译完老师说的句子（jùzi, جملة）。

   → _____

10. 我下午不可以去商店。

    → _____

六 根据拼音写汉字　　اكتب الكلمات التالية بالصينية حسب "*pinyin*"

1. Zhè zhāng zài Běijīng zhào de zhàopiàn zhào de zhēn hǎo.

   _____

2. Tāmen liǎng ge xiàng jiěmèi yíyàng.

   _____

七 填写正确的词语，然后选择正确的答案
املأ الفراغات بالكلمات الصحيحة واختر الأجوبة الصحيحة

上星期小刘给我介绍的新朋友叫京京。她就_____在我们学校对面（duìmiàn, مقابل）的大楼八层，她请_____今天下午两点去她_____玩儿。_____了，小刘还_____来，我就一个人先_____了。到了大楼一层，对面过_____的就是京京，我_____："京京，我来了。"她看了看我，像不认识_____人一样走了，这时候小刘来_____。我_____小刘："京京怎么不认识我了？"小刘_____："她不是京京，是京京的妹妹，时间_____了，快上去吧，一会儿我再告诉_____。"

■ 根据短文，选择正确答案   اختر الجواب الصحيح حسب النص

（　　）1. A. "我"认识京京和她的妹妹
　　　　　B. "我"不认识京京，认识京京的妹妹
　　　　　C. "我"不认识京京的妹妹，认识京京

（　　）2. A. 小刘不知道京京的妹妹，知道"我"
　　　　　B. 小刘知道京京，也知道京京有个妹妹
　　　　　C. "我"知道京京，也知道京京有个妹妹

八　写出含有偏旁"心"或"⺗"的汉字
　　اكتب مقاطع صينية بالحرف "心" أو "⺗"

　　　　yìsi　　　　　　nín　　　　　　　gǎn　　　　　　　niàn
1. 有＿＿　　2. ＿＿好　　3. ＿＿谢　　4. 纪＿＿

　　　　xiǎng　　　　　xi　　　　　　　zěn
5. ＿＿家　　6. 休＿＿　　7. ＿＿么样

　　　　rán　　　　　　diǎn　　　　　　rè　　　　　　　zhào
8. 当＿＿　　9. 两＿＿　　10. 很＿＿　　11. ＿＿片

九　交际练习   تمارين التواصل

你和同学设计一段去朋友家做客的对话。
قم بحوار عن زيارة الصديق.

你想想

一个"可"没有脚（jiǎo, قدم），一个"可"有脚，两个"可"上下在一起。这是什么字？你想想它是谁？

汉字笔顺表

① 得 děi 彳 + 导

丿 ノ 彳 彳 彳' 彳日 彳旦 律 得 得

② 愉 yú 忄 + 俞

丶 忄 忄 忄 忄' 忄^ 忄人 愉 愉 愉 愉
愉

③ 谊 yì 讠 + 宜

④ 鱼 yú

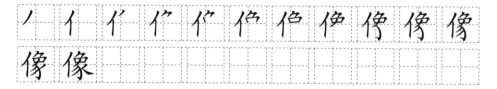

⑤ 像 xiàng 亻 + 象

丿 亻 亻' 亻^ 亻^ 伊 伊 像 像 像
像 像

⑥ 健 jiàn 亻 + 建

丿 亻 亻' 亻^ 伊 伊 伊 律 健 健

⑦ 康 kāng 广 + 隶

丶 亠 广 广' 庐 庐 庐 唐 康 康 康

⑧ 饺 jiǎo 饣+交

丿 𠂊 饣 饣 饣 饺 饺 饺 饺 饺

⑨ 饱 bǎo 饣+包

丿 𠂊 饣 饣 饣 饣 饣 饱 饱

⑩ 活 huó 氵+舌

丶 丶 氵 氵 汘 汘 活 活 活

⑪ 洗 xǐ 氵+先

丶 丶 氵 氵 汘 汘 洪 洗 洗

⑫ 净 jìng 冫+争

丶 冫 冫 冫 冷 净 净 净

⑬ 片 piàn

丿 丿 片 片

⑭ 辆 liàng 车+两

一 𠂇 车 车 车 车 辆 辆 辆 辆 辆

测验（01—20课）

一 选择正确的读音，在括号内画"√"（每题1分，共10分）
اختر النطق (*pinyin*) الصحيح وضع بين القوسين علامة " √ "

1. 累　A. léi　（　）　　2. 差　A. chà　（　）
　　　B. lèi　（　）　　　　 B. chài　（　）

3. 贵　A. guī　（　）　　4. 刻　A. kě　（　）
　　　B. guì　（　）　　　　 B. kè　（　）

5. 离　A. lì　（　）　　6. 职员　A. zhīyuán　（　）
　　　B. lí　（　）　　　　　 B. zhíyuán　（　）

7. 火车　A. huǒchē　（　）　8. 便宜　A. piányi　（　）
　　　　B. huòchē　（　）　　　　 B. biànyí　（　）

9. 请问　A. qīnwěn　（　）　10. 考试　A. kǎo shì　（　）
　　　　B. qǐngwèn　（　）　　　　 B. kàoshī　（　）

二 写出动词（每题1分，共10分）　ضع لهذه الكلمات الفعل المناسب

1. _____自行车　　2. _____网　　　3. _____电影
4. _____飞机　　　5. _____茶　　　6. _____船
7. _____衣服　　　8. _____音乐　　9. _____家
10. _____钱

三　选词填空（每题 1 分，共 20 分）　　املأ الفراغات بالكلمات الصحيحة

1. | 个　瓶　辆　条　岁　句　次　本　张　件 |

① 他想给我一_____汉语书和一_____中国地图。

② 这_____人 20_____就大学毕业了。

③ 这_____路很远，我去叫_____出租车送你回去吧！

④ 他第一_____来中国的时候，一_____汉语也不会说。

⑤ 你去商店，麻烦你给我买两_____水，好吗？

⑥ 那_____毛衣太贵了，我不想买。

2. | 　给　在　往　从　跟　对　离　 |

① 他不_____教室，_____操场打球呢！

② 中国贸易公司_____这儿很近，_____前走，就_____中国银行旁边。

③ 你_____我介绍一个会说法语的中国人，好吗？

④ 喝很多酒_____身体不好。

⑤ 明天我_____你们一起去长城，你们_____学校去还是_____家里去？

四　给括号内的词语找到适当的位置（每题 1 分，共 10 分）
ضع الكلمات بين القوسين في مكانها المناسب

1. 明天 A 我 B 去商店 C 看看，D 买东西。　　　　　　　　（不）

2. 你 A 等等 B，他 C 很快 D 来。　　　　　　　　　　　　（就）

3. 昨天 A 很冷 B，今天 C 不冷 D。　　　　　　　　　（了）

4. 他 A 车 B 开 C 很 D 好。　　　　　　　　　　　　（得）

5. 他 A 晚上 B 十二点 C 睡觉 D。　　　　　　　　　（常常）

6. 他 A 汉语 B 说 C 好极了 D，像中国人一样。　　　（得）

7. 北京动物园 A 我 B 去 C 过 D。　　　　　　　　　（两次）

8. 昨天晚上 A 你 B 看电视 C 没有 D？　　　　　　　（了）

9. 你来 A 中国以后，吃 B 烤鸭 C 没有 D？　　　　　（过）

10. 你 A 买 B 火车票以后，C 告诉 D 我。　　　　　　（到）

五 完成对话（每题 2 分，共 20 分）　　أكمل الحوارات التالية

1. A：_____？

   B：他叫大卫。

2. A：_____？（哪）

   B：他是中国人。

3. A：_____？（吗）

   B：对，他是坐地铁来的。

4. A：_____？（还是）

   B：我不想喝咖啡，我要喝茶。

5. A：_____？（谁）

   B：她是我妹妹。

6. A：我明天晚上去酒吧，_____？（呢）

   B：我在家看电视。

7. A：_____？（什么）

   B：他是公司职员。

8. A：她日本菜_____？（得）

   B：很好吃。

9. A：你很喜欢喝酒，_____？（为什么）

   B：一会儿我要开车。

10. A：昨天晚上_____？

    B：我没看电视。

六 **完成句子**（每题2分，共20分） أكمل الجمل التالية

1. 我_____汉语。（一点儿）

2. 请您帮_____。（照相）

3. 时间不早了，我们_____。（家）

4. 这两个汉字我也不认识，我们_____吧。（老师）

5. 他在楼上，你_____。（找）

6. 这两天他们_____，你不能去。（考试）

7. 你说得太快，我没听懂，请你_____。（一点儿）

8. 中国杂技我还_____。（没……呢）

9. 我的手机没电了，_____。（不能）

10. 我试试这件毛衣，_____？（可以）

七 选择正确的应答，在括号内画"√"（每题2分，共10分）
اختر الجواب الصحيح وضع علامة " √ " بين القوسين

1. A：你们吃啊，别客气！
   B：① 没什么。（   ）
   　　② 很客气。（   ）
   　　③ 谢谢。（   ）

2. A：我们经理请您在北京饭店吃晚饭。
   B：① 可以。（   ）
   　　② 您太客气了，真不好意思。（   ）
   　　③ 我喜欢在饭店吃饭。（   ）

3. A：他问您好！
   B：① 谢谢！（   ）
   　　② 我很好。（   ）
   　　③ 我身体很好。（   ）

4. A：飞机为什么晚点了？
   B：① 开得很慢。（   ）
   　　② 喜欢晚一点儿到。（   ）
   　　③ 天气不好，起飞晚了。（   ）

5. A：去北京大学要换车吗？
   B：① 不要换车就可以到。（   ）
   　　② 不用换车就可以到。（   ）
   　　③ 不能换车就可以到。（   ）

参考答案

01 你好

一 1. p m f 2. t n l 3. k h

二 1. A 2. B 3. B 4. B 5. A 6. B

三 1. nǐ 4. lǎo 7. wǔ 8. bǎn

四 1. nǐ 2. bǎo 3. fǎ 4. mǎ 7. měi

五 1. hǎo 2. ma 3. yě 4. dōu
　　5. lái 6. tā 7. wǒmen 8. nǐmen

六 1. 你好 2. 来吗 3. 好吗 4. 好吗

七 1. 爸爸 2. 妈妈 3. 都 4. 来
　　5. 他们 6. 也 7. 我 8. 吗

八 1. 他（tā） 2. 她（tā）

02 你身体好吗

一 1. q x 2. c s 3. ch sh r

二 1. yě 3. wǔ 5. wǔ 6. yī
　　9. wūyā 10. yǒuyì

三 1. 五（④） 2. 八（①） 3. 九（④） 4. 早（②）
　　5. 身体（②） 6. 谢谢（③） 7. 再见（④） 8. 老师（①）

四 1. sì 2. shí 3. wǔ 4. liù
　　5. jiǔ 6. nín 7. jīntiān 8. hào

五 1. A、B：您/老师早

老师：你们早

A：您身体好吗

老师：很好　　谢谢　　你们身体好吗

A、B：我们（身体）都很好

2. A：你好　　　A：身体好吗　　　B：很好

A：来吗　　　A：也来吗　　　B：都来

六　1. 我身体很好。

2. 今天爸爸妈妈都来。/ 爸爸妈妈今天都来。

3. 他们身体都好吗？

4. 老师，您早！

七　1. 老师，您好！　　　2. 谢谢你们！

3. 身体很好。　　　　4. 爸爸妈妈再见！

八　1. 你好　　2. 你们　　3. 他来　　4. 身体

03　你工作忙吗

一　1. p　m　f　　　　2. t　n　l　　　　3. k　h

4. q　x　　　　　　5. c　s　　　　　　6. ch　sh　r

二　1. yuàn　　3. yǔ　　4. jù　　6. xué

7. yuè　　9. qǔ　　10. jué　　12. qū

三　不：1、2、6四声　　　　3、4、5、7、8二声

一：1、2、4、5、6、7四声　　　3、8二声

四　1. gēge　　dìdi　　jiějie　　mèimei

2. nián　　yuè　　rì　　hào

3. jīntiān　　míngtiān　　jīnnián　　míngnián

五　1. A：身体很好　　你呢　　　2. B：今天11月1号

3. A：妹妹呢　　　　　　　　　4. B：来　　不来

131

5. A：你呢　　　B：（工作）不太忙

六　1. C　　　2. C　　　3. D　　　4. A

七　1. 我哥哥弟弟明年都来。　　2. 他爸爸妈妈身体不太好。

八　1. 你好　2. 她来　3. 妈妈　4. 姐姐　5. 妹妹

04　您贵姓

一　1. xìng　　2. jiào　　3. shì　　4. bù　　5. tài
　　6. gāoxìng　7. hěn　8. dōu　9. yě

二　①叫　②不　③也　④是　⑤是　⑥不　⑦不
　　⑧姓　⑨是　⑩很　⑪也　⑫都　⑬高兴

三　1. 他弟弟是大夫。　　　　　2. 他叫什么名字？
　　3. 我妹妹身体很好。　　　　4. 我不是老师/学生，是学生/老师。

四　1. A：你姐姐叫什么名字　　A：是学生吗
　　2. A：他姓什么　　　　　　A：他是老师吗
　　3. A：认识我弟弟吗　　　　B：他今天来吗
　　4. A：你认识那个人吗　　　B：你呢

五　1. 她叫什么（名字）？　　　2. 您（你）贵姓？／你姓什么？
　　3. 你是美国人吗？　　　　　4. 他是美国留学生吗？
　　5. 你认识那个学生吗？　　　6. 他忙吗？
　　7. 她是你朋友吗？　　　　　8. 你累吗？

六　1. 他很累。　　　　　　　　2. 她姓张。（她是张老师。）
　　3. 我是美国留学生。　　　　4. 他姓什么？
　　5. 三个人都是学生。

七　①认识　②学生　③很　④高兴　⑤身体　⑥工作　⑦也

八　1. 好吗　　2. 你呢　　3. 叫什么　　4. 名字

参考答案

05 我介绍一下儿

一　1. yě　　2. shì　　3. huí　　4. de　　5. zài
　　6. kàn　　7. rènshi　　8. jièshào　　9. yíxiàr

二　① 认识　② 介绍　③ 一下儿　④ 是　⑤ 的　⑥ 也
　　⑦ 是　⑧ 的　⑨ 是　⑩ 的　⑪ 在　⑫ 在
　　⑬ 是　⑭ 也　⑮ 回　⑯ 看　⑰ 也　⑱ 看

三　1. 她姓什么？　　　　　　　　2. 她是谁的好朋友？
　　3. 她爸爸妈妈的家在哪儿？　　4. 她在哪儿工作？
　　5. 她回北京做什么？

四　1. A：你去超市吗　　　　　　B：你去哪儿
　　2. A：他在大卫的宿舍吗　　　A：他在哪儿
　　3. A、B：你去吗
　　4. A：王兰在吗　　　　　　　A：谢谢
　　5. A：你爸爸工作吗　　　　　A：你妈妈也工作吗

五　1. 我回家。　　　　　　　2. 他是谁？
　　3. 他不是北京人。　　　　4. 我不认识那个美国留学生。

六　1. 在宿舍　2. 来教室　3. 去商店　4. 请进　5. 在家休息

七　1. 谢谢　　2. 认识　　3. 是谁　　4. 请问

06 你的生日是几月几号

一　1. 今天　　（2021年）　　9月25日（号）　　星期日。
　　Jīntiān　（èr líng èr yī nián）　jiǔyuè èrshíwǔ rì (hào)　xīngqīrì.
　　2. 明天　　9月26日　　星期一。
　　Míngtiān　jiǔyuè èrshíliù rì　xīngqīyī.

3. 昨天　　　9月　　　24日　　　星期六。
　　Zuótiān　jiǔyuè　èrshísì rì　xīngqīliù.

二　① 九月三十号　　② 是　　③ 的　　④ 叫　　⑤ 是
　　⑥ 二十　　　　　⑦ 个　　⑧ 是　　⑨ 的　　⑩ 都
　　⑪ 都　　　　　　⑫ 的　　⑬ 看

三　1. 今天几月几号？
　　2. 今天是谁的生日？
　　3. 你朋友叫什么（名字）？
　　4. 你们三个人都是谁的好朋友？
　　5. 你们什么时候都去商店买东西？/今天下午你们做什么？
　　6. 你们晚上都去哪儿？做什么？/晚上你们都去大卫的宿舍做什么？/你们什么时候去大卫的宿舍看他？

四　1. A：明天晚上你做什么　　B：你呢
　　2. A：你做什么　　　　　　3. A：你去吗
　　4. B：我很忙

五　1. 2020年3月25号我在北京工作。
　　2. 明天上午十一点他们去超市买东西。
　　3. 他十二号星期六/这个月十二号（星期六）来我家玩儿。
　　4. 昨天下午我在宿舍休息。
　　5. 他昨天晚上在家看书。

六　1. 去超市买东西　　　　　2. 在宿舍听音乐
　　3. 星期天休息　　　　　　4. 晚上看电视

七　1. 看/买　2. 听　3. 买　4. 回　5. 看　6. 看
　　7. 看　　8. 去　9. 在/回/去　10. 做　11. 去　12. 在/去

八　1. 明天　2. 昨天　3. 晚上　4. 星期　5. 是他　6. 音乐

你想想　　大学 dàxué　　　　大夫 dàifu

07 你家有几口人

一 1. jié hūn 2. zhíyuán 3. yínháng 4. háizi 5. xuéxí
　 6. yǒu 7. méi 8. hé 9. kè

二 ①有　②和　③职员　④银行　⑤结婚　⑥孩子
　 ⑦没　⑧学习　⑨学习　⑩有　⑪课

三 1.尼娜家有几口人？　2.她哥哥做什么工作？
　 3.她哥哥结婚了吗？　4.她哥哥有孩子吗？有几个孩子？
　 5.她姐姐结婚了吗？　6.尼娜学习什么？
　 7.尼娜今天有课吗？　8.她去大学做什么？/她去哪儿上课？

四 1.我在宿舍听音乐。　2.我在家休息。
　 3.他们在教室上汉语课。　4.他在商店买东西。

五 1. B：回家休息
　 2. A：你做什么工作
　　　 B：在大学工作
　 3. A：他们结婚了吗
　 4. A：你妹妹工作吗
　 5. A：你家有谁/你家有什么人

六 1、3、4、5、7：不　　2、6、8：没

七 1.他们今年二月结婚了。　2.他/她有两个孩子。
　 3.我明天去超市买东西。

八 1.明天　2.朋友　3.电脑　4.我家　5.汉字
　 6.教室　7.宿舍

你想想 朋

汉语会话 301 句·阿拉伯文注释本（第四版） 练习册 上册

08 现在几点

一 1. 我早上七点起床。

2. 我早上七点十五 / 七点一刻吃早饭。

3. 我中午十二点吃午饭。

4. 我晚上七点半看电视。

5. 我晚上十一点五十 / 差十分十二点睡觉。

二 1. A：你几点 / 什么时候吃饭

2. A：你什么时候去上海

3. B：我在家上网　　　　A：你几点上网 / 什么时候上网

4. A：今天你去打网球吗　　A：你在家做什么

三 1. C　　2. C　　3. C　　4. C

四 1. 我没有电脑。　　2. 明天我不去商店。　　3. 他们没结婚。

4. 他七点起床。　　5. 我在食堂吃饭。

五 1. 去睡觉　　　　2. 看电影　　　　3. 吃饭

4. 买花儿　　　　5. 打网球　　　　6. 回宿舍

六 1. 饭　　　　　　2. 网球　　　　　3. 音乐

4. 早饭　　　　　5. 东西/书/花儿　　6. 电视/电影/书

7. 家/宿舍　　8. 床　　9. 课　　10. 课

七 1. 再<u>见</u>　2. 电<u>视</u>　3. 现<u>在</u>　4. 打<u>球</u>　5. 睡<u>觉</u>　6. 姓<u>王</u>

你想想　1. 太　　　　2. 天　　　　3. 夫

09 你住在哪儿

一 1. huānyíng　2. gāoxìng　3. yǒu　4. pángbiān　5. wánr

6. zài　7. yìqǐ　8. cháng　9. hé　10. jiào

二 ①有　②叫　③在　④在　⑤旁边　⑥欢迎

　　　　⑦玩儿　　⑧常　　⑨一起　　⑩和　　⑪常

三　1.他住在哪儿？　　　　　　　2.你家在哪儿？
　　3.你们常常一起做什么？
　　4.星期六、星期日你们常常做什么／在哪儿打球？

四　1.你们学校有多少个老师？　　2.他的房间是多少号？
　　3.他的生日是几月几号？　　　4.这个楼有几层？
　　5.二号楼有多少（个）房间？　6.你有几个中国朋友？

五　1.教室上课　　2.花店买花儿　　3.公园玩儿
　　4.食堂吃饭　　5.商店买东西

六　1.B　　2.A　　3.B　　4.B　　5.C

七　1.邮局在公园旁边。　　　　　2.欢迎来北京。
　　3.上课的时候问老师。

八　1.请进　　2.欢迎　　3.知道　　4.旁边

你想想　月

10　邮局在哪儿

一　1. dōngbian　　2. nánbian　　3. xībian　　4. běibian
　　5. pángbiān　　6. nà　　　　7. nàr　　　　8. xiūxi
　　9. bù　　　　　10. cháng　　11. zài　　　 12. lí

二　①在　　②南边　　③离　　④休息　　⑤常
　　⑥那儿　⑦旁边　　⑧常　　⑨那儿　　⑩东边
　　⑪在　　⑫那　　　⑬东边　⑭不

三　1.他爸爸在不在商店工作？
　　2.那个商店离他家远不远？
　　3.他爸爸早上七点半去不去工作？
　　4.他爸爸下午五点半回不回家？

四　1. 是　　2. 一起　　3. 那儿　　4. 就　　5. 往

五　1. A：银行在哪儿

　　2. A：离家远不远　　　　A：你怎么去

　　3. A：常上网吗　　　　　A：在哪儿上网

六　1. 操场在教室的东边。

　　2. 谁在旁边的房间听音乐？

　　3. 他常去邮局做什么？

七　1. 您早　　2. 休息　　3. 怎么

你想想　往

11　我要买橘子

二　1. 这种　2. 还　3. 要 要　4. 还　5. 还 别的地方　6. 很多种

三　1. A：买什么　　　　　A：几瓶

　　2. A：多少钱一斤　　　B：六块三　　你要几斤

　　3. A：商店在哪儿　　　A：多吗　　　A：便宜吗

　　4. A：要买什么　　　　B：多少钱一斤

　　　 A：十块　　　　　　B：贵了

四　1. 听听　　　2. 休息休息　　3. 介绍介绍　　4. 问问

　　5. 玩儿玩儿　6. 尝尝　　　　7. 问问　　　　8. 看看

五　1. 他没结婚。

　　2. 我昨天不忙，今天很忙。

　　3. 他是职员，在银行工作。/ 他在银行工作，是职员。

　　4. 我七点一刻在家吃早饭。

　　5. 他晚上常常十一点半睡觉。

　　6. 橘子多少钱一斤 / 一斤多少钱？

　　7. 要两瓶可乐，不要别的了。

8. 他买两个/斤苹果。

六　1. 坐汽车　　2. 买东西　　3. 吃苹果　　4. 喝水
　　5. 听录音　　6. 去银行

七　① 离　　② 店　　③ 店　　④ 书　　⑤ 个　　⑥ 书
　　⑦ 友　　⑧ 起　　⑨ 店　　⑩ 识　　⑪ 个　　⑫ 店
　　⑬ 绍　　⑭ 书　　⑮ 识　　⑯ 个　　⑰ 友　　⑱ 兴

八　1. 售货员　　2. 很贵　　3. 名字　　4. 不多　　5. 十岁

考考你
　　1. 你　　2. 他　　3. 您　　4. 做
　　5. 住　　6. 她们　　7. 身体　　8. 工作
　　9. 什么　　10. 休息　　11. 时候　　12. 付钱
　　13. 邮件　　14. 便宜　　15. 微信

12　我想买毛衣

二　小 xiǎo —— 大 dà　　　少 shǎo —— 多 duō
　　长 cháng —— 短 duǎn　　便宜 piányi —— 贵 guì

三　1. 多少　　2. 怎么　　3. 哪儿　　4. 几
　　5. 怎么样　　6. 什么　　7. 谁

四　1. 穿/买　　2. 喝　　3. 发　　4. 写　　5. 回/在
　　6. 买　　7. 吃　　8. 看　　9. 学习　　10. 坐

五　1. A：饮料吗　　A：你喝什么饮料
　　2. A：你去哪儿　　B：想买一个
　　3. B：不可以
　　4. B：我不想上网

六　1. 不长也不短/不大也不小　　2. 不贵也不便宜
　　3. 不多也不少　　4. 不远也不近

七　①冷　②服　③少　④天　⑤件　⑥天
　　⑦穿　⑧在　⑨作　⑩累　⑪上　⑫觉

八　1.手机　2.大楼　3.学校　4.橘子　5.怎么样　6.好极了
　　7.都来　8.邮局

你想想　回

13　要换车

二　1. B　　2. B　　3. A　　4. B　　5. A

三　1. 他会说一点儿汉语了。

　　2. 现在十点半（了），他不会来了。

　　3. 姐姐给妹妹／妹妹给姐姐一张地图、一个本子。

　　4. 去天安门要换车吗？

四　1. A：你会做饭吗　　A：你会做中国菜吗　　A：谢谢

　　2. A：喝什么　　A：还要别的吗

　　3. A：几点来　　A：会来吗

　　4. A：我们（一起）看电影

　　　B：哪国的（电影）

　　　B：一起去看

五　1. 我会说一点儿汉语。　　2. 他是日本留学生。

　　3. 我不会说汉语。　　4. 他给我一本书。

　　5. 他们三个人都很忙。

六　1. 懂英语　2. 哪国电影　3. 刷卡　4. 没到站

七　①想　②个　③都　④道　⑤么　⑥问
　　⑦说　⑧离　⑨很　⑩校　⑪往　⑫星

⑬ 没　　⑭ 吃　　⑮ 去　　⑯ 玩儿

八　1. 打球　　2. 投币　　3. 换钱　　4. 找人

你看看
1. 员 yuán　　货 huò　　贵 guì
2. 远 yuǎn　　近 jìn　　道 dào
3. 问 wèn　　间 jiān
4. 我 wǒ　　找 zhǎo

14　我要去换钱

二　想 xiǎng　　会 huì　　能 néng　　要 yào　　可以 kěyǐ

1. 能　　2. 会　　3. 可以　　4. 要

5. A：要　B：想　　6. A：可（以）　可以　B：想　可以

三　1. A：我没带手机　　B：快去
2. B：去了　　A：你买什么了
3. A：手机号码是多少　　B：手机里有
4. A：怎么写

四　1. A　　2. C　　3. D　　4. D　　5. D

五　1. 汽车　　2. 音乐/录音　　3. 汉字　　4. 短信/电子邮件
5. 饭　　6. 床　　7. 衣服　　8. 钱/人/东西
9. 可乐/水　　10. 汉语/英语/法语

六　① 花　　② 银行　　③ 钱　　④ 今天　　⑤ 银行
⑥ 钱/人民币　　⑦ 多少　　⑧ 你　　⑨ 明天　　⑩ 你

七　1. 明天我不去公园。　　2. 昨天他没来上课。
3. 和子常常做日本菜。　　4. 昨天我没来。

八　1. 教室　　2. 做饭　　3. 数数　　4. 换钱　　5. 银行

你看看	1. 凡子		2. 介 介绍
	3. 体息 身体		4. 太 太学 明天

15　我要照张相

二　　对 duì　　完 wán　　通 tōng　　到 dào　　懂 dǒng

　　1. 到　　2. 对　　3. 懂　　4. 完　　5. 通

三　1. 这种鲜花儿真好看。

　　2. 我给妈妈／妈妈给我打电话了。

　　3. 这个本子不好，能换一下儿吗？

　　4. 请你帮我交一下儿电话费。

四　1. A：这件衣服是谁的　　A：你能穿吗

　　2. A：这个手机是你的吗　　A：手机怎么样

　　3. B：没吃完

　　4. A：忙极了　　B：到很晚

　　　 A：怎么样　　B：（很）不错　　B：谢谢

五　A：我累了，想去那儿坐坐。

　　B：等一等，这儿的花儿很好看，你给我照张相，好吗？

　　A：好，照完了再去。

六　①有　②给　③电话　④她　⑤学校　⑥电影

　　⑦手机　⑧手机　⑨电话　⑩手机　⑪到

七　1. 介绍　2. 结婚　3. 纪念　4. 今天

　　5. 一个　6. 会来　7. 纪念　8. 拿来

你想想	拿

16 你看过京剧吗

二　应该 yīnggāi　　　行 xíng　　　过 guò　　　了 le
　　当然 dāngrán　　　想 xiǎng　　　会 huì

　　1. B：当然　　2. B：应该　　3. A：过　　B：过
　　4. A：了　了　　　B：过
　　5. A：行　　　　　B：想　行
　　6. B：应该　　　　A：过　　　B：会　会

三　1. 没去过呢　　2. 学过　　3. 过（饭）　很便宜
　　4. 去过那个地方　5. 没起床

四　1. A：有人找你　　　　2. B：没（人）告诉我
　　3. A：收到了吗
　　4. A：介绍（介绍）京剧
　　　 B：有没有时间
　　　 A：给我打电话

五　1. 你学过汉语没有？　　2. 我没吃过烤鸭。
　　3. 他常常去留学生宿舍。　4. 你看电视了没有？
　　5. 他还没结婚呢！

六　1. 给朋友找工作。　　2. 有人请你介绍一下儿上海。
　　3. 这件事能告诉他/她吗？

七　① 八号楼　② 问　③ 说　④ 知道
　　⑤ 住　⑥ 知道　⑦ 留学生　⑧ 说

八　1. 酒吧　2. 汉语　3. 没有　4. 演京剧
　　5. 地图　6. 操场　7. 一块钱

你想想　卡

17　去动物园

二　1. 骑　　2. 接/看　　3. 坐　　4. 打/接
　　5. 看　　6. 划/坐　　7. 问　　8. 拿/买

三　1. A：来　B：去　　2. B：去　　　　3. B：去
　　4. A：来　B：来　　5. B：去　B：来

四　1. A：你喝可乐还是（喝）咖啡？
　　2. A：你想去上海还是（去）香港？
　　3. A：你要买橘子还是（买）苹果？
　　4. A：这个星期天你去公园还是（去）动物园？
　　5. A：你坐汽车去还是（坐）地铁去？

五　①个　　②好　　③想　　④说　　⑤个　　⑥演
　　⑦一起　⑧问　　⑨说　　⑩骑　　⑪说　　⑫一起

六　1. 这个电影怎么样？
　　2. 谁想去看这个电影？
　　3. 他们什么时候去看电影？
　　4. 他们骑自行车去还是坐公交车去？

七　1. 里边　2. 下边　3. 下边　4. 外边　5. 上边　6. 外边

八　1. 回家　2. 公园　3. 中国　4. 地图

你想想　园

18　路上辛苦了

二　1. 坐一会儿　　2. 大学毕业　　3. 等一会儿　　4. 开车

三　1. 快（就）要毕业了　　　2. 车（就）要开了
　　3. 快（就）要到北京了　　4. 就要来了

5.就要做好了

四　1. B：为什么　　A：开车　　B：开走了　　A：怎么回去

2. A：你喝什么酒　　　　　　A：为什么

五　1. 菜、饭、苹果

2. 可乐、水、酒、饮料

3. 书、电视、电影、朋友

4. 车、地铁、火车、船

六　① 从　② 跟/和　③ 在　④ 到　⑤ 下来

⑥ 的　⑦ 我们

七　1. 他是什么时候来中国的？

2. 他是在哪儿认识大卫的？

3. 是谁去接他们的？

4. 他们是怎么来学校的？

八　1. 划船　2. 到北京　3. 两点一刻　4. 京剧

5. 很多　6. 银行　7. 往前走

你想想　银行（háng）　　自行（xíng）车

19　欢迎你

二　1. 不用翻译　　2. 麻烦别人　　3. 麻烦

4. 真不好意思　5. 不用买　　　6. 以前

三　1. 来接电话　　2. 第几次　　　3. 很多次

4. 拿一下儿东西　5. 从朋友那儿去　6. 他两/三次

四　1. 他从玛丽/玛丽从他那儿来。

2. 我一句法语也不会说。

3. 他去过动物园很多次。

4. 现在学汉语的人很多。

五　1. A：吧　　　　　　　B：一次也没吃过

　　2. A：收到没有　　　　B：上网

　　3. A：不用坐公交车　　B：不好意思

　　4. A：都没接

　　5. A：在　　　　　　　B：就回来　　　A：楼下／这儿　　她

六　1. 请慢一点儿说，说快了我不懂。

　　2. 房间里太热了，我出去走走。

　　3. 这是朋友送给我的书。

七　①电话　②说　③下午　④家　⑤问

　　⑥说　⑦知道　⑧说

八　1. 快说　2. 慢走　3. 听懂　4. 很忙

你会吗？　1. 数（shǔ）：请数一下儿一共多少钱。

　　　　　2. 数（shù）：你最好记一下儿钱数。

20　为我们的友谊干杯

二　1. 跟　　2. 离　往　3. 给　　4. 从　从　5. 在　　6. 对

三　1. C　　2. D　　3. C　　4. C　　5. A　　6. B

四　1. A：你在北京过得怎么样

　　2. A：得怎么样　　　　　　B：做得很好吃

　　3. A：今天你起得很早吧

　　4. A：你写得怎么样

　　5. A：做得很好

　　6. B：说得不（太）好

　　7. A：玩儿得多高兴／很高兴／高兴极了

五　1. 他说汉语说得很好。　　2. 她洗衣服洗得真干净。

　　3. 他的书跟我的一样。　　4. 我会说一点儿法语。

5. 他吃饭吃得很慢。　　　　　　　6. 他走得很快。

7. 昨天我没出去。　　　　　　　　8. 他想在贸易公司工作。

9. 昨天他没翻译完老师说的句子。　10. 我下午不能去商店。

六　1. 这张在北京照的照片照得真好。

　　2. 她们两个像姐妹一样。

七　① 住　　② 我们　　③ 家　　④ 两点　　⑤ 没

　　⑥ 去　　⑦ 来　　⑧ 说　　⑨ 的　　⑩ 了

　　⑪ 问　　⑫ 说　　⑬ 晚　　⑭ 你

　　1. C　　2. B

八　1. 有<u>意思</u>　2. <u>您</u>好　3. <u>感</u>谢　4. <u>纪</u>念　5. <u>想</u>家　6. <u>休</u>息

　　7. <u>怎么</u>样　8. <u>当</u>然　9. <u>两</u>点　10. <u>很</u>热　11. <u>照</u>片

你想想　哥

测验（01—20课）

一　1. B　　2. A　　3. B　　4. B　　5. B

　　6. B　　7. A　　8. A　　9. B　　10. A

二　1. 骑　　2. 上　　3. 看　　4. 坐　　5. 喝

　　6. 坐/划　7. 买/穿　8. 听　　9. 回/在　10. 换/花

三　1. ① 本　张　② 个　岁　③ 条　辆　④ 次　句　⑤ 瓶　⑥ 件

　　2. ① 在　在　② 离　往　在　③ 给　④ 对　⑤ 跟　从　从

四　1. D　　2. D　　3. D　　4. C　　5. A/B

　　6. C　　7. D　　8. C　　9. B　　10. B

五　1. 他叫什么（名字）

　　2. 他是哪国人

　　3. 他是坐地铁来的吗

　　4. 你要喝咖啡还是喝茶

5. 她是谁

6. 你呢

7. 他做什么工作

8. 做得怎么样 / 好吃吗 / 好吃不好吃

9. 为什么今天不喝呢

10. 你看电视了吗 / 你看电视了没有 / 你看没看电视

六　1. 会（说）一点儿　　　　2. 我（们）照张相

　　3. 回家吧　　　　　　　　4. 问问老师

　　5. 上去找他吧　　　　　　6.（有/要）考试

　　7. 说得慢一点儿　　　　　8. 没看过呢

　　9. 不能打电话了　　　　　10. 可以吗 / 可以不可以

七　1. ③　　2. ②　　3. ①　　4. ③　　5. ②